Heike Schauz · »Goldmünzen wirken selten allein«

Als Christkind 1963 in Langenau/Württemberg geboren, wurde das Thema Feng-Shui **Heike Schauz** nicht gerade in die Wiege gelegt. Im Gegenteil – als Malermeisterin brachte sie im eigenen Betrieb über 13 Jahre zwar ihr handwerkliches Fachwissen und -können sowie viel Intuition und Freude am Gestalten bei der Planung von Räumen ein, aber erst Feng-Shui öffnete ihr die Tür zum tieferen Fühlen und Verstehen.

Seit 2007 arbeitet sie hauptberuflich als Feng-Shui-Beraterin und Projekt-Managerin und hat es in dieser kurzen Zeit geschafft, sich sehr erfolgreich am Markt zu positionieren. In der Feng-Shui-Branche steht ihr Name für hervorragende Beratung und ein großes Wissen über Feng-Shui und die bestmögliche Umsetzung. »Goldmünzen wirken selten allein« ist ihr erstes Buch, ein weiteres ist bereits in Planung.

Weitere Informationen finden Sie auf www.apprico.de

Heike Schauz

»Goldmünzen wirken selten allein«

So werden Ihre Existenzgründung und Ihre Tätigkeit als Feng-Shui-Berater zum Erfolg.

Mit wertvollen zusätzlichen Tipps von der Businessetikette-Expertin Petra Kirst und der Service-Spezialistin Heike Eberle.

FSC
www.fsc.org
MIX
Papier aus verantwortungsvollen Quellen
Paper from responsible sources
FSC® C105338

Satz und Layout: Buch&media GmbH, München
Umschlaggestaltung: Kay Fretwurst, Freienbrink
Herstellung u. Verlag: Books on Demand GmbH, Norderstedt
Printed in Germany
ISBN 978-3-8448-5265-3

Inhalt

1. Was der K2 mit Feng-Shui zu tun hat 9

2. Alles hat zwei Seiten 12

3. Ein absolutes Muss – Der Businessplan 14

3.1. Ihre persönliche Planung 14

3.1.1 Ihre fachliche Qualifikation 14

- »Verstehen Sie Ihr Handwerk?« 14
- Das Pareto-Prinzip im eigenen Business 15

3.1.2 Unternehmerische Eigenschaften 16

3.2. Wirtschaftliche Planung 17

3.2.0 Damit aus Ihrer Idee ein Erfolg wird 17

- »Was macht Sie so einzigartig?« – »Was ist Ihre USP?« 18

3.2.1 Der Name und das Logo 20

- Vorsicht beim Titel! 21

3.2.2 Ihr Businessfoto 22

3.2.3 Die Corporate Identity in der Geschäftsausstattung 22

- Briefbogen 23
- Briefumschlag 23
- E-Mail-Vorlagen 23
- Visitenkarte 24
- Imageflyer 25
- Imagebroschüre 27
- Die eigene Internetseite 28

3.2.4 Marketing bedeutet viel mehr als nur verkaufen ... 31

Die vier wichtigen Ps im Marketing lauten 31

PRODUCT: Produktpolitik 32
- Ihr spezielles Angebot ist jetzt gefragt! 32
- Sprechen Sie Ihre passende Zielgruppe an 32
- Analysieren Sie Ihre Mitbewerber! 32

PROMOTION: Kommunikationspolitik 33
- Der eigene Blog – das Internettagebuch 33
- Fachartikel vom Experten 35
- Pressemitteilungen 36
- Newsletter 38
- Messelust statt Messefrust 39
- Fahrzeugwerbung 44
- Der eigene Imagefilm 45
- Anzeigen 45
- Onlinewerbung mit Google Adwords 46
- Empfehlungsmarketing/Mundpropaganda 47
- Referenzen 48
- »Look at me« oder: Die Kunst der Selbstvermarktung 51

PRICE: Preispolitik 51
- Was kann ich für meine Beratungsleistung verlangen? 51

PLACE: Distributionspolitik 53
- Der richtige Standort 53
- Das Homeoffice – der kürzeste Weg zu mehr Zeit 53

3.2.5 Den Finanzbedarf ermitteln 57
- Checkliste Finanzbedarf als Feng-Shui-Berater ... 57
- Ihr individueller Kostenplan 57
- Ihr Umsatzplan 58
- Ihre Gewinnplanung 58

3.2.6 Passende Rechtsform 59
- Das Einzelunternehmen ist die einfachste Unternehmensform 59
- Mini-GmbH (Kapitalgesellschaft) (§ 41d KostO) ... 59

- Die nebenberufliche Selbstständigkeit 61

3.2.7 Formalitäten 63
- Das Finanzamt 63
- Industrie- und Handelskammer (IHK) 63
- Versorgungsunternehmen 63

3.2.8 Das Gespräch mit der Bank 64

3.2.9 Versicherung für Ihr Unternehmen und für Sie privat 66

4. Netzwerken – »Weil Kontakte Kapital sind.« 68
- Mit Knigge Netzwerken leicht gemacht 68
- Welches Netzwerk passt zu mir? 73
- Kooperation als Chance 74
- Berufsverbände für Feng-Shui-Berater und Geomanten 75

5. Social Media – »Es geht nicht mehr ohne.« 76
- Was bedeutet der Begriff »Social Media«? 76
- Plattformen und Strategien 78
- XING – das Businessnetzwerk 79
- «Twitter kann man nicht erklären, Twitter muss man erleben.« 80
- »Facebook, muss das wirklich sein?« 82
- Google Plus – das Neue 83
- Wo geht die Reise der Social Media hin? 84

6. Der erste Kundenkontakt 86
- Am Telefon – Kunde »droht« mit Auftrag! 86
- Vorbereitung auf den Kundenbesuch 89

7. Beim Kunden 91
- Wie verhalte ich mich beim ersten Kontakt? 91

8. Kalkulation und Angebot 95
- Was ist eine Kostenkalkulation? 95

- Ihr ganz spezielles Angebot 96

9. **Der erste Auftrag** 102
   - Die schriftliche Auswertung 102
   - Das hilft beim Arbeiten 102
   - Feng-Shui-Programme 103
   - Die Präsentation Ihrer Auswertung beim Kunden 104
   - Die Verwaltung Ihrer Kundenadressen 107
   - Ablagetechniken und Aufbewahrungsfristen 108

10. **Die Abrechnung** 110
   - Endkalkulation 110
   - Rechnungsstellung 110
   - »Das Leben ist nicht immer fair« 112
   - Die Buchhaltung – ungeliebt und notwendig 114

11. **Die Nachbetreuung** 116
   - »Unterschiede machen, die Unterschiede machen« 116
   - Tue ein Übriges 117

12. **Vorträge; Seminare; Workshops** 118
   - Gute Vorträge begeistern die Menschen 118
   - Erfolgreiche Seminare brauchen Visionen 120
   - Online-Workshops – so funktioniert's 124

13. **Der Ausgleich** 126
14. **Bücher** 127
15. **Hilfreiche Adressen** 128

1. Was der K2 mit Feng-Shui zu tun hat

Zum ersten Mal in meinem Leben habe ich die Besteigung eines Berges atemlos verfolgt. Ich mag keinen Schnee und habe auch keine Ahnung vom Bergsteigen, aber den letztendlich erfolgreichen Versuch von Gerlinde Kaltenbrunner, den K2 zu besteigen, wollte ich nicht verpassen. Die Berichte über den Aufstieg im Internet zu verfolgen, war spannender als jeder Krimi im Fernsehen. Und dann **die Sensation**: Sie hat es am 23. August 2011 mit der Erklimmung des Gipfels des K2 tatsächlich geschafft, als erste Frau ohne zusätzlichen Sauerstoff alle Achttausender zu besteigen. Dies ist umso bewundernswerter, wenn man bedenkt, dass beim letzten Versuch am K2 ein befreundeter Bergsteiger ums Leben kam und auch diesmal jede Menge Schwierigkeiten zu überwinden waren. Obwohl ihr Mann, Ralf Dujmovits, die Lage am Berg anders einschätzte und wieder ins Basislager zurückkehrte, verließ sie sich auf ihr Bauchgefühl und stieg mit einem kleinen Team weiter zum Gipfel auf. Sie hatte ihr großes Ziel fest vor Augen und sagt selbst, dass das Erreichen des Gipfels eines ihrer größten Glücksgeschenke war. Jetzt liegt der K2 oder Lambha Pahar, wie er auch genannt wird, zwar an der Grenze zwischen Pakistan und China, doch was haben er und Gerlinde Kaltenbrunner mit der Selbstständigkeit als Feng-Shui-Berater[1] zu tun?

Nun, Gerlinde Kaltenbrunner hatte keine Goldmünzen im Rucksack, und es waren auch nicht die Farben ihres Anoraks, die das Erreichen des Gipfels zur Realität werden ließen.

[1] Aus Gründen der besseren Lesbarkeit wird lediglich die männliche Form verwendet, gemeint sind an den entsprechenden Stellen jedoch stets beide Geschlechter.

Ich fasse es noch einmal kurz zusammen:

- **Sie hatte ihr Ziel fest vor Augen.**
- **Sie gab auch in schwierigen Zeiten nicht auf.**
- **Sie war kreativ und arrangierte sich mit Veränderungen.**
- **Sie arbeitete aus ihrer Mitte heraus und ließ sich nicht aus der Ruhe bringen.**
- **Sie hatte die volle Unterstützung durch ein starkes Netzwerk und eine eingeschworene Seilschaft.**
- **Sie behielt die Nerven, als es wirklich darauf ankam.**

Goldmünzen in die Reichtumsecke zu hängen, ist die eine Sache – und möglicherweise hilfreich und unterstützend. Aber um als Feng-Shui-Berater auf Dauer erfolgreich zu sein, ist mehr nötig – viel mehr. Gerade die oben genannten Aspekte spielen für Selbstständige eine große Rolle – vor allem in Bereichen, die von Außenstehenden eher kritisch betrachtet oder gar verlacht werden, wie dies häufig bei Themen wie Feng-Shui und Geomantie der Fall ist.

Die Gründung eines Unternehmens ist stets mit vielen Überlegungen und teilweise auch mit Problemen verbunden.

SIE haben Ihre Ausbildung abgeschlossen und das Thema Feng-Shui fasziniert – keine Frage. Oftmals entsteht aus ganz anderen, bis dahin gültigen Beweggründen, wie etwa »Ich mache das nur für mich!« oder »Ich möchte mein Eigenheim verändern«, plötzlich der Wunsch, andere Menschen zu beraten. Nicht zuletzt auch mit dem Versprechen mancher Schulen im Hinterkopf, dass man als Feng-Shui-Berater im Nullkommanichts richtig viel Geld verdienen könne. Interessant ist nur, dass ich persönlich keine Feng-Shui-Millionäre kenne und immer wieder auf Kollegen treffe, denen eine einfache Zeitungsannonce zu teuer ist.

Fakt ist allerdings auch, dass man als hauptberuflich tätiger Feng-Shui-Berater sehr gut von seiner Tätigkeit leben kann! Und eines ist sicher: **Als Feng-Shui-Berater wird der Beruf zur Berufung**. Ich persönlich kenne keinen schöneren.

Wir bewegen uns mit unserem Berufsbild natürlich auf einem Terrain, auf das in den meisten Fällen das private und oft auch das bestehende berufliche Umfeld sehr befremdlich reagiert, sobald die neue berufliche Ausrichtung bekannt wird. Das reicht von Spinnerei über Esoterikkram, verächtlichem Halbwissen zum Nicht-Wissen und Nicht-wissen-Wollen.

Im Gegensatz zu anderen Berufszweigen sieht man sich hier deshalb zusätzlichen Schwierigkeiten ausgesetzt. Die Ausübung des neuen Berufs bringt es zudem zwangsläufig mit sich, dass Sie Ihr eigenes Unternehmen gründen müssen. **Es gibt keine angestellten Feng-Shui-Berater**. Eine Unternehmensgründung setzt ein stabiles Umfeld voraus, das Sie trägt, wenn sich Probleme einstellen, aber auch Erfolge mit ihnen feiert. Leider erlebe ich immer wieder, dass Existenzgründungen scheitern, obwohl viel Enthusiasmus vorhanden war. Trotz bester Ausbildung und viel persönlichem Engagement bleibt der Erfolg aus. Das ist sehr schade, denn umso mehr professionelle Feng-Shui-Berater erfolgreich arbeiten, desto besser ist es für unsere gesamte Branche. **Arbeit gibt es für uns alle mehr als genug**. Mit meinen Ausführungen und eigenen Erlebnissen auf den folgenden Seiten möchte ich Sie unterstützen, damit Ihr Start als Feng-Shui-Berater erfolgreich verläuft und stagnierende Karrieren neuen Schwung erfahren. Ich wünsche Ihnen viel Freude beim Lesen, beim Planen sowie bei der Gründung Ihres Unternehmens.

Ihre Heike Schauz

2. Alles hat zwei Seiten

»Wir sind verantwortlich für das, was wir tun, aber auch für das, was wir nicht tun.« (Voltaire)

So toll sich das auch anhört: »Ich mache mich als Feng-Shui-Berater selbstständig« – denken Sie bei aller Euphorie bitte gut darüber nach, dass auch die Selbstständigkeit Licht- und Schattenseiten hat.

Die positiven Seiten:

- Sie können Ihre eigenen Ideen und Ziele verwirklichen.
- Sie können Entscheidungen selbst treffen.
- Sie erhalten gesellschaftliches Ansehen durch Erfolg.
- Sie können ein hohes Einkommen erzielen.
- Sie können die Anerkennung für eigene Leistung selbst ernten.
- Sie haben einen hohen Grad an persönlicher Freiheit.
- Sie sind unabhängig.
- Sie arbeiten mit einer höheren Motivation.
- Sie wählen Ihre Arbeitszeiten selbst, dadurch sind Beruf und Privatleben besser vereinbar.
- Sie können sich Ihr Arbeitsumfeld selbst gestalten.
- Sie können sich Ihre Kunden selbst aussuchen.

Die weniger positiven Seiten:

- Sie haben kein festes Einkommen.
- Sie tragen das volle finanzielle Risiko und haften mit dem Privatvermögen.
- Sie haben eine hohe Arbeitsbelastung (üblicherweise arbeiten Selbstständige 50-60 Stunden pro Woche).
- Sie haben keine soziale Absicherung (Rente, Arbeitsunfähigkeit, Krankenversicherung nur mit eigener Vorsorge).

- **Sie geben eventuell ein gutes Angestelltenverhältnis auf.**
- **Sie arbeiten meistens allein, ohne Kollegen im Büro, und können sich schwerer austauschen als bisher.**

Ein Unternehmen einfach so »aus dem hohlen Bauch heraus« zu gründen, ergibt keinen Sinn. Auch nicht als Feng-Shui-Berater. Ich kann Ihnen nur wärmstens die klare Zusammenstellung der Koordinaten, die für Ihr Unternehmensschiff von Bedeutung sind, ans Herz legen. Erstellen Sie sich einen Businessplan. Dazu gehören: eine Beschreibung Ihrer Unternehmensidee, das Eruieren des vorhandenen Marktpotenzials und Ihre Marketingideen genauso wie die Finanzplanung und Beobachtung der »Konkurrenz«.

3. Ein absolutes Muss – der Businessplan

3.1 Ihre persönliche Planung

3.1.1 Ihre fachliche Qualifikation:

Hier wird es schon heikel. Der Markt an Feng-Shui-Ausbildungen ist fast unübersichtlich groß. Dazu kommt die unterschiedliche Gewichtung verschiedener Zweige des Feng-Shui der einzelnen Schulen.

Fakt ist: Allein vom Bücherlesen können Sie keine Beratungen anbieten. **Ohne eine entsprechende fachliche Qualifikation** haben Sie in unserem Metier keine Chance auf eine erfolgreiche Selbstständigkeit. Gehen Sie davon aus, dass die meisten Ihrer Mitbewerber ihren Beruf beherrschen. Sie sollten mindestens ebenso erfahren sein und kompetent auftreten. Schon aus Achtung und Sorge unseren Kunden gegenüber, denn wir greifen mit unserer Tätigkeit teilweise massiv in das Leben anderer Menschen ein!

Deshalb stelle ich als erstes die folgende Frage:

- **»Verstehen Sie Ihr Handwerk?«**

Wenn dem so ist, können Sie sich auch mit wenig bis dahin durchgeführten Beratungen selbstständig machen. Ich habe das auch praktiziert und schon während der Ausbildung jeden im Bekanntenkreis beraten, der nicht »bei drei auf dem Baum war«. Einen seriösen Berater nur an der **Zeitspanne seiner Selbstständigkeit festzumachen und als gut zu bezeichnen**, halte ich persönlich für falsch. Denken Sie nur an Ihren Führerschein. Nach dem erfolgreichen Bestehen der Prüfung können Sie nun Ihr neu erworbenes Auto in die Garage stellen, um es nur ab und zu zum Einkaufen hervorzuholen. Dann haben Sie nach drei Jahren ein glänzendes Auto mit wenig Kilometern und ein bisschen Stadterfahrung. Oder Sie trauen sich und fahren in den drei Jahren dauernd – auch über die Alpen und quer durch Rom. Das gibt mit Sicherheit mehr Kilometer, eventuell eine Schramme und sicher zweimal neue Reifen. Aber Sie können von sich behaupten: **»Ich kann wirklich Auto fahren.«** Gut ist in jedem Fall, wenn Sie erfahrene Kollegen zur Unterstützung hinzuziehen können. **Eine »bestimmte« Lebens- und Berufserfahrung** in »verwandten« Berufen wie etwa als Innenarchitekt, Handwerker oder Architekt trägt sicher zusätzlich zum späteren Erfolg bei. Doch auch dies ist kein Freibrief für Erfolg, denn Ihr fundiertes Feng-Shui-Wissen ist der eine Teil. Auf der anderen Seite vereinen Sie nun auch alles andere in einer Person: Sie sind Kalkulator, Buchhalter, Controller, Vertriebsprofi und Marketinggenie.

Aus diesem Grund sind nicht nur Ihre vorhandenen Feng-Shui-Kenntnisse von Bedeutung, sondern gleichsam folgende Fragen:

- **Verfügen Sie über kaufmännische Fachkenntnisse?**
- **Können Sie Menschen überzeugen?**
- **Ist Akquise für Sie nur ein notwendiges Übel?**
- **Sind Sie bereit, sich ständig weiterzubilden?**
- **Sind Sie ein kreativer Mensch?**
- **Sind Sie körperlich und psychisch belastbar?**
- **Sind Sie flexibel und haben Sie genug Durchhaltevermögen?**
- **Haben Sie Humor?**

Das Pareto-Prinzip im eigenen Business

Das Pareto-Prinzip geht auf den italienischen Volkswirt Vilfredo Pareto zurück. Besser bekannt ist es als das 20:80-Prinzip. Pareto stellte damals fest, dass 20 % der Menschen 80 % des weltweiten Reichtums besitzen. Diese Regel lässt sich auf zahlreiche Lebensbereiche übertragen:

- 20 % der Zeitung enthalten 80 % der Nachrichten.
- 20 % unserer Kunden bringen 80 % unseres Umsatzes.
- 20 % unserer Schreibtischarbeit ermöglichen 80 % unseres Arbeitserfolges.
- 20 % unseres Kleiderschrankinhalts ziehen wir an – die anderen 80 % nie.
- 20 % der Besprechungszeit bewirken 80 % der Ergebnisse.
- 20 % unserer Beziehungen bewirken 80 % des Glücks.

Wussten Sie, dass Fachwissen lediglich 20 % des Erfolges eines selbstständigen Beraters ausmacht?

Die anderen 80 % setzen sich zusammen aus:

- guten Marktkenntnissen,
- einer ausreichenden Kapitaldecke,
- einer realistischen Finanzplanung,
- einem attraktiven Leistungsangebot,
- einer gesunden Kundenstruktur,
- der Fähigkeit, Kontakte zu knüpfen,
- familiärer Unterstützung,
- der Fähigkeit zur Selbstorganisation,
- ausreichend Fitness und Optimismus.

3.1.2 Unternehmerische Eigenschaften

Die sogenannten **unternehmerischen Eigenschaften** erleichtern Ihnen den Schritt in die Selbstständigkeit zusätzlich.

Deshalb frage ich erneut: »Haben Sie die Power-Voraussetzungen, um die eigene Firma zum Erfolg zu führen?«

- Können Sie Menschen überzeugen?
- Sind Sie kontaktfreudig?
- Verfügen Sie über einen festen Willen?
- Sind Sie selbstbewusst und voller Tatendrang?
- Sind Sie begeisterungsfähig?
- Haben Sie Mut zum Risiko?
- Würden Sie sich als Optimisten bezeichnen?

- Sind Sie belastbar und diszipliniert?
- Sind Sie neugierig und lernbereit?

... und ganz wichtig!

»Unterstützt Ihr Partner/Ihre Partnerin diesen Schritt?«

Die Unterstützung der Familie ist ein sehr wichtiger Punkt, der im Vorfeld abgeklärt werden muss. Ich kenne einige Kollegen, die zu gerne den Sprung in die hauptberufliche Feng-Shui-Beratung wagen würden, aber von ihren Partnern völlig im Stich gelassen werden. Nicht aus mangelnder Liebe, sondern aus völligem Unverständnis der Thematik selbst gegenüber. Dann wird jede Fortbildung zur Qual, jede Diskussion über das Thema »Feng-Shui« zum Zankapfel.

Zudem benötigen Sie jede mögliche Rückendeckung von Ihrem Partner, auch in finanzieller Hinsicht, um die ersten Durststrecken zu überbrücken. Das bedeutet am Anfang immer auch »Opfer« an Zeit und Geld – und kann sehr belastend sein.

3.2 Wirtschaftliche Planung

3.2.0 Damit aus Ihrer Idee ein Erfolg wird ...

»Es gibt keinen günstigen Wind für den, der nicht weiß, in welche Richtung er segeln will.« (Wilhelm von Oranien-Nassau)

Ich bin immer wieder überrascht darüber, wie wenig Fantasie und Zutrauen zu ihren eigenen Fähigkeiten manche Kollegen besitzen. Folgender Dialog wiederholt sich am Telefon immer mal wieder:

Ich: Was möchten Sie denn in Zukunft beruflich machen?

Gegenseite (GG): Als Feng-Shui-Berater arbeiten.

Ich: Ja, das verstehe ich, aber ***wen*** *möchten Sie denn beraten?*

GG: Menschen.

Ich: Schon klar, aber in welche Richtung möchten Sie sich denn auf Dauer spezialisieren?

GG: Ja, Feng-Shui-Beratungen möchte ich halt machen.

HALLO? Stellen Sie sich einmal Folgendes vor: Jemand lernt Koch und möchte anschließend ein Restaurant eröffnen. Auch hier stellt sich die Frage, was er anbieten und was er kochen soll. Was bereitet ihm am meisten Freude? Er kann nicht alle Gerichte dieser Welt anbieten. Und es wird schwierig sein, in einem Stadtteil oder einer kleinen Stadt das dritte italienische Restaurant zu eröffnen. Also wird er sich entscheiden müssen. Will er partout bei der italienischen Küche bleiben, dann sollte er sich eventuell auf lombardische oder sizilianische Küche spezialisieren. Eventuell könnte er einen Mix aus benachbarten Ländern anbieten, etwa Österreich-Italien. Sie verstehen sicher, was ich meine. Entweder konzentrieren wir uns auf Dinge, die wir besonders gut können oder wir gehen in der Menge unter. Aus welchem Grund sonst spezialisieren sich gute Ärzte, Heilpraktiker oder Hotels?

> ▶ **Mein Tipp:**
> Stets einen kleinen Block und einen Stift mit sich führen. Gute Ideen kommen oft beim Spazierengehen, Autofahren oder in der Badewanne!

- **»Was macht Sie so einzigartig?« – »Was ist Ihre USP?« (Unique Selling Proposition)?**

Haben Sie sich einmal folgende Fragen gestellt?

- Was ist das Einzigartige an Ihren Leistungen?
- Was machen Sie entscheidend anders als andere Berater?
- Worüber sollen Menschen reden, wenn Sie Ihren Namen hören?
- Welche Begriffe wollen Sie mit sich in Verbindung bringen?
- Wie wollen Sie sich am Markt positionieren?
- Hat der Markt Interesse an Ihrer »Dienstleistung«?
- Warum sollten Kunden Geld für Ihre Leistungen ausgeben?
- Bieten Sie diese Leistungen wirklich mit Leidenschaft an, oder glauben Sie nur, dass diese Idee, dieser Service sich gut verkauft?

- **Ein anderer wichtiger Aspekt: Was macht mich besser als meine Kollegen? Wo hebe ich mich ab?**
- **Wie sehen meine Ideen aus, wie authentisch bin ich, und wo sind meine Ziele – wo will ich hin?**

Eine meiner Kolleginnen stand ganz am Anfang und schickte mir per Mail ihren Flyer zum »Drüberschauen«. Er war ganz nett aufgemacht und wies unter anderem auf Kinder und Feng-Shui für Kinderzimmer hin. Klar, sie kann das, aber ich rief sie trotzdem an. Auf meine Frage, warum denn die Kinder so hervorgehoben seien, obwohl sie keine habe und auch noch nie darüber gesprochen hätte, antwortete sie: »Ich dachte, das kommt gut, ich bekomme so den Kontakt zu den Eltern und nach den Kinderzimmern kommt dann der Rest der Wohnung.«

Leidenschaft sieht anders aus!

> ▶ **Mein Tipp:**
> Bieten Sie von vornherein nur Leistungen an, die sie wirklich mit **Leidenschaft kommunizieren** können, Dinge, für die Sie brennen. Dann sind Sie authentisch, überzeugend und erfolgreich!

Erfolgreich werden Sie auf Dauer nur mit einer **besonderen Idee, einer Marktlücke oder einer Spezialisierung sein.**

Kennen Sie den Film »Forrest Gump« mit Tom Hanks? Wenn ja, dann sicher auch die Szene, in der sein Freund Babba ihm alle Möglichkeiten aufzählt, was man mit Shrimps anfangen kann … probieren Sie das doch einmal mit unserem Thema:

- Feng-Shui für die Generation 60+
- Feng-Shui für Kinderzimmer, Kindergärten, Schulen
- Feng-Shui für Praxen, Altenheime, Krankenhäuser
- Feng-Shui für Hotels, Pensionen und die Gastronomie
- Feng-Shui für Banken
- Feng-Shui für Autohäuser
- Feng-Shui für Gärten, Terrassen und Balkone

- Feng-Shui für Tiere – Reitställe, Tierheime
- Feng-Shui und Immobilien
- Feng-Shui und Kunst – Museum, Galerien
- Feng-Shui und Licht
- Feng-Shui in Bad, Sauna und Spa
- Feng-Shui in Möbelhäusern

Sie sehen selbst – es geht ins Unendliche ...

»Was macht Ihre Einzigartigkeit aus???«

▶ **Mein Tipp:**
Entwerfen Sie doch ein Stellenangebot mit Ihrem Traumprofil – wie könnte das aussehen?

> *»Berühmt bist du, wenn dein Name überall steht, nur nicht im Telefonbuch.«* (Henry Fonda)

3.2.1 Der Name und das Logo

Einen Namen für Ihre Firma zu finden – **NAMING**, wie es im englischen Sprachgebrauch heißt –, ist nicht einfach. Natürlich können Sie einfach nur Ihren Namen in Verbindung mit Feng-Shui nehmen, aber bitte denken Sie daran: Diese Namensverbindung ist nachher überall sichtbar. Im Flyer, auf der Visitenkarte, auf Ihrer Internetseite und auf dem Briefbogen. Für welche Art Kunden Sie sich auch immer entscheiden – nicht jeder Privatmann, noch weniger ein Unternehmer, mag (zumindest im Moment noch) den Begriff »Feng-Shui« in der Buchhaltung haben und seine Vorgehensweise, etwa einen Feng-Shui-Berater hinzugezogen zu haben, erklären müssen. Außerdem kann es sein, dass Sie irgendwann noch einen Mehrwert in Form der Geomantie, Baubiologie oder Radiästhesie dazunehmen, und dann wird diese Firmierung ohnehin nicht mehr passen.

Denken Sie bei **Name und Logo** bitte auch an die Gestaltung nach **Feng-Shui-Richtlinien**, die Farbgebung nach den Prinzipien der Fünf-Elemente-Lehre und Ihre persönlichen förderlichen Farben und Formen.

All dies sind wichtige Faktoren, die entscheidend zum Erfolg oder Misserfolg Ihres Unternehmens beitragen können. Ihr Firmenlogo steht für Sie – quasi die Essenz der Firma – und sollte mit Ihnen in Harmonie sein. Ich wundere mich manchmal doch, wenn Kollegen Logo-Design und die Gestaltung von Geschäftspapieren anbieten, selbst aber nicht wirklich einen guten Auftritt hinlegen. Nur weil man die Grundbegriffe des Logo-Designs kennt, muss man es noch lange nicht »können«. Zahlreiche Beispiele im Internet sprechen leider eine deutliche Sprache.

▪ Vorsicht beim Titel!

»Geselle ist der, der was kann,
Meister ist der, der was ersann,
Lehrling – bleibt man ein Leben lang« –

sagte bereits der uns allen bekannte Goethe.

Seien Sie bitte vorsichtig mit dem Titel »Feng-Shui-Meister«. Ein solcher existiert als berufliche Bezeichnung nicht! Der Titel »Meister« ist geschützt, und meines Wissens darf sich jemand nur Meister nennen, der eine Meisterprüfung bei der Handwerkskammer oder der IHK abgelegt hat (§ 51 HwO).

Auch die Führung des Titels **Diplom-Feng-Shui-Berater** ist laut Rechtsanwältin Anne Rose, die im Auftrag des Berufsverbandes für Feng-Shui und Geomantie dieser Rechtsfrage nachgegangen ist, in Deutschland nicht zulässig. Sie kommt zu folgender Auffassung: »Das Führen der Bezeichnung Diplom-Feng-Shui-Berater ist **strafrechtlich relevant**.« Als Begründung führt sie an, dass fälschlicherweise auf der Kundenseite angenommen werden könnte, der Berater verfüge über einen akademischen Grad, ähnlich dem Diplomingenieur. Die Titelvergabe ist in Deutschland ausschließlich Hochschulen und Fachhochschulen vorbehalten. Deshalb sollte auch kein Feng-Shui-Diplom mit diesem Titel verliehen werden. Das gilt auch für Berater, die im Ausland ihr Diplom erworben haben. Laut § 2 des Gesetzes über die Führung akademischer Grade benötigen deutsche Staatsangehörige eine Genehmigung, wenn sie einen im Ausland erworbenen akademischen Grad im Inland führen wollen.

3.2.2 Ihr Businessfoto

»Ein Bild sagt mehr als tausend Worte.«

Die Menschen wollen wissen, mit wem sie es zu tun haben. Beobachten Sie einmal Ihr eigenes Verhalten, wenn Sie im Internet auf Profile ohne Foto stoßen. Mich spricht so etwas gar nicht an und ich klicke weg. Die Art, **wie man sich darstellt**, spielt eine sehr wichtige Rolle. Wer hier mit Schnappschüssen arbeitet oder zusammen mit Kind und Hund abgebildet wird, verschenkt eine Menge Potenzial. Denn Sie zeigen auf diesen Fotos – angefangen auf Ihrer Visitenkarte über Ihre Internetseite bis hin zu Onlinenetzwerken – Ihr Gesicht und Ihre Dienstleistung. Gleichzeitig machen Sie sichtbar, **wie ernst Sie Ihre Sache**, Ihr Gegenüber und nicht zuletzt sich selbst nehmen. Ihr Businessfoto sollte ein gutes Licht auf Ihr kleines Unternehmen werfen.

Für ein Businessporträt sollten Sie sich passend zu Ihrem gewählten **Image kleiden**.

Zeigen Sie Ihr Gesicht, freundlich lächelnd, frontal oder von Ihrer Schokoladenseite, unverkrampft und auf gleicher Augenhöhe mit dem Betrachter.

3.2.3 Die Corporate Identity in der Geschäftsausstattung

»Es gibt keine zweite Chance für einen ersten Eindruck!«

Im Allgemeinen werden zur »klassischen Geschäftsausstattung« jene Elemente gezählt, die im täglichen Gebrauch das Unternehmen repräsentieren. **Wichtig ist dabei die einheitliche Corporate Identity (CI)** – Ihr einheitlicher Auftritt.

■ **Briefbogen**

Der Briefbogen ist wohl der wichtigste Bestandteil der Geschäftsausstattung. Er kann vielfältig eingesetzt werden: zur Korrespondenz mit Kunden, für Angebote, Auftragsbestätigungen, Rechnungen, für Einladungen, Aussendungen, PDF-Formulare usw.

Er stellt eine kleine Unternehmenspräsentation für sich dar, auf dem Sie alle relevanten Informationen über Ihr Unternehmen vermitteln:

- **Wer bin ich?**
- **Welche Dienstleistungen biete ich an?**
- **Was macht mich besonders?**
- **Wie kann man mich erreichen?**
- **Darüber hinaus geben Sie Ihre Bankverbindung und Steuernummer bekannt.**

■ **Briefumschlag**

Wenn Sie viel »Gedrucktes« verschicken, bietet sich die Gestaltung eines Briefumschlags, passend zum Briefbogen, an. Sie können mit einem gut gestalteten Umschlag die Aufmerksamkeit für den Inhalt gravierend erhöhen.

■ **E-Mail-Vorlagen**

Eine E-Mail dient quasi als moderner Briefbogen. Sie können beinahe Ihre gesamte Korrespondenz, Angebote und Aufträge per E-Mail erledigen.

Eine **gut gestaltete E-Mail-Vorlage** enthält, wie der Briefbogen, alle wichtigen Informationen über Ihr Unternehmen. Darüber hinaus können Sie in Ihre E-Mail noch weitere wichtige Informationen einbinden, wie z. B. Anhänge, Links und aktuelle Informationen.

▶ Mein Tipp:
Versenden Sie Dokumente nur als PDF!

Heute wird viel Papier gespart, weil ein Großteil der Korrespondenz per E-Mail erfolgt. Wichtige Dokumenteninhalte werden nicht in die E-Mail integriert, sondern als Dokument an die E-Mail angehängt. Versenden Sie diese Dokumente ausschließlich als PDFs und nicht als ungeschützte Word-Datei.

Nutzen Sie Ihre E-Mail-Signatur als Werbeträger!
Denken Sie daran: Mit jeder E-Mail an Kunden und Interessenten können Sie kurze Werbebotschaften verschicken!

In der **Fußzeile Ihrer E-Mails** lassen sich z. B. Hinweise auf Ihre

- **besonderen Dienstleistungen,**
- **neue Seminare,**
- **Messeauftritte oder**
- **aktuelle Veröffentlichungen**

unterbringen.

> ▶ **Mein Tipp:**
> Vergessen Sie nicht, einen Testlauf an Ihre eigene E-Mail-Adresse zu starten.

▪ Visitenkarte

Wenn Sie Ihre Visitenkarte nur als simplen Adress-Datenträger betrachten, unterschätzen Sie deren **große Image- und Werbewirkung.**

Die Gestaltung

- **Verzichten Sie unbedingt auf billig wirkende Computer-Eigenbauten: Diese Farbausdrucke auf perforierten Kartonbögen entblößen Sie sofort als Neuling im Business.**
- **Besondere »Gratisangebote« mit Werbeaufdruck der jeweiligen Druckerei sind ebenfalls nicht empfehlenswert.**
- **Achten Sie beim Design auf eine gewisse Zurückhaltung. Mit Tiger und Drachen auf exotischem Bambuspapier werden Sie, zumindest im Businessbereich, »nicht ernst genommen«.**

- Wichtig: die gute Lesbarkeit und Klarheit der Inhalte. Setzen Sie Prioritäten und lassen Sie alles, was entbehrlich ist, weg.
- Ihre Kontaktdaten sind ein Muss: geschäftliche Adresse, Telefon-, Mobilfunknummer, Fax, E-Mail-Adresse und Internetseite.
- Machen Sie es Ihren Geschäftskontakten leicht, sich an Sie zu erinnern. Der Einsatz Ihres Fotos ist aus Feng-Shui-Sicht sinnvoll und empfehlenswert. Oft ist ein schönes Bild wirksamer als ein eigens entwickeltes Logo.

Visitenkarten verteilen

Bringen Sie Ihre schön gestalteten Visitenkarten **großzügig unter die Leute**! Sorgen Sie dafür, dass Sie immer genügend Nachschub dabeihaben, am besten in einem schönen Kartenetui.

- **Sorgen Sie dafür, dass Ihre Karten weitergegeben werden: Statten Sie zufriedene Kunden oder Ihr Netzwerk mit einer Handvoll Kartenexemplaren aus.**

Imageflyer

Ein Imageflyer ist der kleine Bruder der Imagebroschüre. Je nach Budget kann er mehr oder weniger aufwendig gestaltet sein. Im Gegensatz zur Imagebroschüre besteht der Imageflyer aus einem doppelseitig bedruckten Blatt, das anschließend ein- oder mehrfach gefaltet wird.

Der Vorteil eines solchen Flyers ist, dass er einerseits klein und handlich ist, aber andererseits viel Platz für ausführliche Informationen bietet – ein wunderbares Mittel für eine **erste Leitungsübersicht** Ihres Unternehmens.

Folgende Fragen sollte jeder Flyer potenziellen Kunden schnellstmöglich beantworten können!

WIFMD – »Was ist für mich drin? Wo liegt mein Vorteil? Was habe ich davon?«

- Erfährt der Leser sofort, um was es geht?
- Erkennt der Leser einen Nutzen für sich?

- Sind die Bilder oder Fotos spannend?
- Ist der Text kurzweilig und informativ?

Ihr Flyer soll **Ihre Beratungsleistung verkaufen**! Leider bleiben die meisten Flyer liegen, weil sie den potenziellen Kunden nicht zu einer Reaktion auffordern. Ihr mit Liebe gestalteter Flyer, den der Kunde auf der Messe mitgenommen hat, wandert daheim sehr schnell in den Papierkorb, wenn er keinen erkennbaren Mehrwert bietet.

Das heißt für Sie, dass Sie eine Reaktion erreichen müssen:

Möglichkeiten dazu gibt es einige:

1. Gutscheine können zu allem Möglichen berechtigen. Es muss kein Preisnachlass sein, es kann sich auch um ein Geschenk handeln: ein kostenloses Beratungsgespräch. Je nachdem, was Sie anbieten, können Sie die erste Hürde für Neukunden dadurch erheblich tiefer legen.
2. Link zur Website. Sie wollen Besucher auf Ihre Website ziehen? Dann drucken Sie in den Flyer einen wirklich wertvollen Link, etwa zum Download von Bonusmaterial oder zur Einlösung eines Gutscheins (s. oben).
3. Anmeldeformular. Gestalten Sie einen Teil des Flyers als Anmeldeformular – etwa um den Leser zum Besuch eines Workshops zu animieren.
4. Gewinnspiel. Gewinnspiele wirken immer. Damit sie bei einem Gewinnspiel keine Zocker, sondern interessierte Kunden anlocken, sollten Sie keine Sachpreise, sondern Erlebnisse anbieten – z. B. eine vollständige Beratung für das eigene Zuhause.
6. Anforderung weiterer Informationen. Es wird schwierig sein, einen Leser Ihres Flyers direkt zum Neukunden zu generieren. Sie können den Kunden allerdings dazu motivieren, weitere Informationen zu bestellen, z. B. »Tipps & Tricks zum Entrümpeln«. Das kann mit einer gedruckten Broschüre oder einem PDF-Dokument im Internet geschehen. Hauptsache, die Lek-

türe bringt dem Kunden einen Nutzen und überzeugt von Ihrer Sachkompetenz.
7. Seminare – Workshops. Gerade im Businessbereich ist Wissen oft mehr wert als andere Geschenke. Laden Sie Ihre Leser doch zu einem kostenlosen Businessvortrag ein ...

Sparmöglichkeiten bei Flyern

- Hier lohnt sich der Preisvergleich. Holen Sie sich mehrere Vergleichsangebote von Druckereien – auch online – ein. Die Unterschiede sind teilweise frappierend.
- Ein Flyer muss keine acht Seiten aufweisen. Wenn Sie ihn auf den Umfang von vier Seiten reduzieren, können Sie die Kosten erheblich senken.
- Um möglichst flexibel zu bleiben, bietet es sich ebenfalls an, einen »Grund-Flyer« zu gestalten und darin je nach Bedarf einen Einleger mit zu verteilen.
- Der Flyer muss nicht in Hochglanz und vollständig in Farbe gedruckt werden.
- In jeder Stadt gibt es Unternehmen, die regelmäßig Flyer an die Haushalte verteilen lassen.

> **▶ Mein Tipp:**
> Denken Sie bitte auch bei der Flyergestaltung immer an Ihre künftige Zielgruppe!

■ Imagebroschüre

Die Imagebroschüre ist wesentlich aufwendiger gestaltet als der Imageflyer und auch kostenintensiver. Hier sind der Fantasie – soweit es zum Unternehmensziel und zum Image passt – keine Grenzen gesetzt.

Eine Imagebroschüre ergibt dann Sinn, wenn Sie Ihren Kunden oder Geschäftspartnern etwas über sich bzw. Ihr Angebot mitteilen möchten, das sonst in keinem anderen Medium Platz findet.

▪ Die eigene Internetseite

»Nimm an, was nützlich ist. Lass weg, was unnütz ist. Und füge das hinzu, was Dein Eigenes ist.« (Bruce Lee)

Eine eigene Webseite für Ihre Firma sollte ein unbedingtes **»must-have«** und **wichtiger Bestandteil Ihrer Marketingstrategie** sein. Nicht nur die jüngere Generation nutzt das Web intensiv für die Recherche nach Anbietern und Dienstleistungen. Im Sommer 2011 **gab es 52 Mio. Internetnutzer in Deutschland**, von denen sich 88 % regelmäßig über Produkte im Netz informieren.

Zudem kostet eine informative, schön gestaltete Website heute kein Vermögen mehr.

Was zeichnet **eine gute Internetseite** aus?

1. Zielgruppenansprache
Viele Besuche auf Ihrer Internetseite sind gut für das Ranking und die Statistik, helfen Ihnen aber nicht wirklich weiter. Wichtig ist, dass **für Sie relevante Besucher die Seite anklicken**. Überlegen Sie also gut: Für wen möchten Sie tätig sein? Fast alle Feng-Shui-Seiten, die ich in den vergangenen Jahren analysiert habe, sprechen die gleichen Zielobjekte an: Wohnungen und Eigenheime. Selten liegt der Fokus speziell auf Praxen oder Einzelhandelsgeschäften. Dabei steht und fällt der vollständige Aufbau der Seite mit diesen Entscheidungen.
Wollen Sie sich etwa an die Generation 60+ wenden, dann müssen Sie z. B. eine größere Schrift einplanen und nicht mit dem Foto einer jungen Familie werben.

2. Kontaktmöglichkeiten
Verstecken Sie Ihre Telefonnummer und die Adresse nicht. Kennen Sie das auch? Sich erst durch mehrere Menüebenen klicken zu müssen, um Kontakt aufnehmen zu können? **Machen Sie es Ihren Kunden leicht**. Dazu trägt auch ein Kontaktformular bei, das direkt ausgefüllt und an Ihre E-Mail-Adresse geschickt werden kann.

3. Inhalte

Beschreiben Sie Ihre Dienstleistung als Berater entsprechend Ihrer Zielgruppe verständlich. **Vermeiden Sie Spezialbegriffe** wie Qi-Fluss, die ein Laie nicht versteht. Verwenden Sie gute Grafiken und Fotos, um das Geschriebene zu verdeutlichen.

Schreiben Sie übersichtlich in Absätzen und Überschriften und – vor allem – lassen Sie die Seite von anderen lesen und kommentieren. **GANZ wichtig**: Aktualisieren Sie regelmäßig! Nichts ist schlimmer, als 2011 von einer bevorstehenden Veranstaltung für August 2009 zu lesen. Das stärkt nicht gerade das Vertrauen des Kunden. Oder wie reagieren Sie in so einem Fall?

4. Beschreiben Sie Ihren Mehrwert für den Kunden

Was bieten Sie zusätzlich an? Was bekommt der Kunde bei Ihnen, was ein anderer nicht bieten kann?

5. Es muss alles funktionieren

Technische Funktionen wie Videos oder Bildergalerien sind eine wunderbare Ergänzung, um das Erlebnis »eigene Internetseite« für den Besucher zu verfeinern. Wichtig: Diese Zusatzfunktionen müssen funktionieren. Nichts ist schlimmer als ein Link, der ins Nichts führt. Das Webmaster Tool von Google bietet hier eine hilfreiche Unterstützung.

> ▶ **Mein Tipp:**
> Denken Sie bitte bei der Verwendung von Fotos an die Nennung des Fotografen!

6. Die Navigation

Dieser Aspekt ist meines Erachtens am wichtigsten. Wenn ich nach mehreren Klicks immer noch nicht an der erwünschten Stelle bin und das lesen kann, was ich möchte, verlasse ich eine Internetseite schnell. Außerdem nervt nichts mehr als eingeblendete Werbemaßnahmen. Finden Sie nicht auch? Auf solchen Seiten bin ich einmal und dann nie wieder. Da kann die Seite noch so toll sein. Sie brauchen deutliche Navigationselemente und einen sichtbaren Button, der den Benutzer immer wieder zur Startseite zurückleitet.

7. Das Kleingedruckte

Beachten Sie die gesetzlichen Rahmenbedingungen, um eine teure Abmahnung zu vermeiden. Speziell für das Impressum existiert die Impressums- und Anbieterkennungspflicht. Wenn Sie Daten von Besuchern speichern, muss dies in den Datenschutzbestimmungen erklärt werden. Dort muss auch stehen, was mit den Daten geschieht und wie lange diese gespeichert werden. Denken Sie daran: **Ihr Impressum muss mit zwei Klicks erreichbar sein!**

8. Darstellung und Gestaltung

Ihre Internetseite sollte sich auf jeden Fall am Corporate Design Ihrer Firma orientieren. Ich stoße öfter auf Visitenkarten, Briefpapier und eine selbst mehr schlecht als recht gestaltete Internetseite in drei verschiedenen Designs. Denken Sie an Ihre Wiedererkennung beim Kunden!

9. Die technische Umsetzung

Bei allem kreativen Schaffen sind die technischen Aspekte von großer Bedeutung. Eine Internetseite, die sich nicht hochlädt oder ewig dafür benötigt, wird einmal besucht und nie wieder. Ihre Seite sollte in allen gängigen Browsern und üblichen Auflösungen funktionieren. Nehmen Sie einen Spezialisten zur Hilfe und testen Sie Ihre »fertige« Internetseite an verschiedenen PC-Versionen von Freunden oder Bekannten.

10. »Ich habe eine Internetseite – aber keiner spricht mich darauf an.«

Na ja, im Februar 2011 waren mit Ihrer Seite ungefähr 25.270.000.000 Seiten online. Das sagt wohl alles – Ihre Internetseite muss auch gefunden werden. Das ist ein spezielles

Thema für die sogenannte Suchmaschinenoptimierung (SEO). Fragen Sie diesbezüglich bitte einen Experten!

Sie haben eine durchgehende Corporate Identity, aber **trotzdem keine Kunden**? Das liegt dann sehr wahrscheinlich an einem **fehlenden Marketingkonzept**, denn:

3.2.4 Marketing bedeutet viel mehr als nur verkaufen.

> *»Ich brauche kein Marketing, ich stehe jeden Tag im Geschäft.«* (Zino Davidoff, Zigarrenzar)

Um Ihre Leistungen erfolgreich zu verkaufen, brauchen Sie ein **gutes Marketingkonzept**. Und dazu **gehören alle Maßnahmen, durch die Ihr Unternehmen erfolgreich wird**.

Um ein für Sie stimmiges Marketingkonzept zu erstellen, bietet es sich an, mit dem sogenannten Marketingmix zu arbeiten:

Die vier wichtigen Ps im Marketing lauten:

a.**PRODUCT:** Produktpolitik
Das ist Ihr Dienstleistungsangebot (wie nachstehend beschrieben).

b. **PROMOTION:** Kommunikationspolitik
Hier sind alle Aktionen enthalten, die zu einem Auftrag Ihrer Beratungsleistung führen, und Ihre Öffentlichkeitsarbeit (PR).

c. **PRICE:** Preispolitik
Dies ist der Preis Ihrer Beratungsleistung: Dieser hängt zum einen von Ihren Kosten ab und dem, was der Markt hergibt. Hierzu gehört Ihre Preiskalkulation, nach der sich Ihre Stunden- oder Tagessätze richten.

d. **PLACE:** Distributionspolitik
Der Kunde muss an die Informationen Ihrer Dienstleistung kommen – und das auf ziemlich einfachem Weg (Besprechungen in Ihrem Büro o. Ä.).

Aber der Reihe nach:

a. PRODUCT: Produktpolitik

- **Ihr spezielles Angebot ist jetzt gefragt!**

Wie bereits erwähnt, müssen Sie Ihr ganz besonderes Angebot – den Mehrwert – für Ihren Kunden erschaffen. Mir kommt z. B. meine handwerkliche Ausbildung zugute, und ich biete meinen Kunden zusätzlich zur Feng-Shui-Beratung auch die Möglichkeit der Umsetzung als »Project Manager«. In 80 % der Fälle wird dieses Modul »mitgekauft«.

- **Sprechen Sie Ihre passende Zielgruppe an.**
  - Sind es Mütter oder Familien mit Kindern?
  - Autohäuser?
  - Die Generation 60+?
  - Wer passt zu Ihrer speziellen Geschäftsidee?
  - In wen können Sie sich so richtig gut hineinversetzen?

Ich beispielsweise **kann** zwar Kinderzimmer gestalten, werde mich aber nie völlig in eine Familie oder Alleinerziehende hineinversetzen können, da ich viele Probleme nur vom Hörensagen kenne.

Sie müssen als **Problemlöser** auftreten können – dann ist schon viel gewonnen!

- **Analysieren Sie Ihre Mitbewerber!**

Dies ist in unserem Fall sehr spannend, finde ich, da es so viele unterschiedliche Gruppierungen innerhalb des Feng-Shui gibt.

Schauen Sie sich ruhig um – bei Veranstaltungen, auf Messen, auf den jeweiligen Internetseiten.

- **Was machen die anderen?**
- **Was ist gut?**
- **Was fehlt?**
- **Welche Strategien werden verfolgt?**
- **Welche Preise werden verlangt?**

Besorgen Sie sich Informationsmaterial – so können Sie oft schon überlegen, was genau an Ihrem Angebot einzigartig sein wird.

b. PROMOTION: Kommunikationspolitik

> *»Wenn ein junger Mann ein Mädchen kennenlernt und ihr erzählt, was für ein großartiger Kerl er ist, so ist das Reklame. Wenn er ihr erzählt, wie reizend sie aussieht, so ist das Werbung. Wenn sie sich aber für ihn entscheidet, weil sie von anderen gehört hat, er sei ein feiner Kerl, so ist das Public Relations.«* (Heinrich Alwin Münchmeyer)

Tja, **die PR – die charmante Schwester der Werbung**. Hier finden sich für uns einige Möglichkeiten, um teilweise mit wenig Geld, aber Einsatz von (viel) Zeit einiges zu erreichen:

- **Der eigene Blog – das Internettagebuch:**

Was und wie schreibe ich in meinem Unternehmensblog?
Das erweist sich, vor allem zu Beginn, als recht schwierig. Aber es wird Ihnen so gehen wie mir: Mit der Zeit macht es Spaß, leere Seiten mit Leben zu erfüllen.

- **Bleiben Sie entspannt – Ihr Blog muss nicht nur aus hochqualifizierten Artikeln bestehen – zu professionell wirkt unnatürlich.**
- **Einen Blog zu schreiben heißt, ein Tagebuch zu schreiben – auf einer persönlichen, allerdings seriösen Ebene.**
- **Schreiben Sie authentisch – genau so, wie Sie sich Ihrem Kunden gegenüber zeigen – kein Geschwafel.**
- **Machen Sie sich einen kleinen Zeitplan, wann Sie schreiben wollen – es muss nicht jeden Tag sein.**

> **▶ Mein Tipp:**
> Sammeln Sie interessante Artikelideen oder Berichte mit Stichworten in einem Extra-Ordner auf Ihrem PC.

Inhaltsideen für einen Unternehmensblog:
Die Beispiele dienen zur Anregung Ihrer Kreativität und haben keinen Anspruch auf Vollständigkeit.

1. Sie berichten über nette Anekdoten.

Ihnen ist etwas Interessantes passiert, auf dem Weg zum Kunden, beim Kunden, im Seminar, auf der Messe – das bietet stets Stoff für nette, kurze Blogartikel. Aber: Bitte nie einen Betroffenen im schlechten Licht erscheinen lassen!

2. Sie schreiben eine Artikelserie.

Die Feng-Shui-Beratung am Beispiel eines Hauses kann man gut als Artikelserie bringen. Man hält seine Leser mit der Ankündigung, dass es bald weitergeht, bei der Stange.

3. Sie berichten über »Szenenews«.

Immer wieder finden sich Artikel in Zeitschriften oder im Internet, die man bloggen und kommentieren kann.
Nennen Sie bitte immer auch die Quellenangabe.

4. Sie zeigen Fotos.

Man kann in einem Blog nicht nur schreiben, sondern auch Fotos veröffentlichen. Tun Sie das – Bilder sagen immer mehr als tausend Worte.

5. Sie bieten ein Gewinnspiel an.

Warum nicht? Über einen Beratungsgutschein etwa freut sich jeder und der Besucher verweilt auf Ihrer Seite – vielleicht sogar länger.

6. Sie bieten interessante Links.

Links auf interessante Webseiten zum eigenen Thema sind ein netter Service – aber übertreiben Sie es bitte nicht. Weniger ist hier mehr. Und denken Sie bitte daran, in Ihrem Impressum einen Haftungsausschluss für die Inhalte von Drittseiten aufzunehmen.

7. Sie nehmen es mit Humor – aber bitte nicht zu viel davon.

Humor ist bei einer seriösen Internetpräsenz nur in höchst kleinen Dosen anzuraten. Aber gelegentlich dient er zur Auflockerung und lässt Ihre Seite persönlicher erscheinen.

8. Sie wurden in der Presse erwähnt.

Na, wenn das nicht einen kleinen Bericht wert ist. In diesem Fall stinkt Eigenlob nicht!

9. Sie interviewen andere.
Sie sind noch nie interviewt worden? Dann drehen Sie den Spieß doch um und interviewen Sie Kunden oder Fachexperten schriftlich oder per Video und zeigen dies in einer extra Sparte.

10. Sie wünschen frohe Weihnachten.
Oder frohe Ostern, ein schönes Pfingstfest, einen erholsamen Sommerurlaub – die Kunden freuen sich, wenn Sie direkt angesprochen werden, ohne dass dahinter eine Verkaufsabsicht steht.

11. Sie berichten über eigene Objekte.
Präsentieren Sie Ihr Expertenwissen und berichten Sie von eigenen Objekten, bei denen Sie als Berater fungiert haben. Noch interessanter wird das Ganze, wenn Sie dies mit Vorher-Nachher-Fotos belegen.

12. Sie beantworten Kundenfragen.
Und wenn Sie noch nicht auf entsprechende interessante Fragen zurückgreifen können, dann kreieren Sie eben selbst welche!

13. Sie veröffentlichen Kundenstimmen.
Ihr Kunde hat Ihnen ein spezielles Dankschreiben zukommen lassen? Schreiben Sie darüber. Doch bitte fragen Sie den Kunden vorher, ob er damit einverstanden ist.

14. Sie planen eine Veranstaltung.
Ein Tag der offenen Tür, Messen, Seminare oder andere Veranstaltungen sind eine sehr gute Gelegenheit, um vorher, währenddessen und danach darüber zu berichten.

▪ Fachartikel vom Experten

Ein sehr guter Weg, um sich als Feng-Shui-Experte zu positionieren, sind Fachartikel. Voraussetzung dafür ist zum einen natürlich Ihr grundlegendes Fachwissen, zum anderen aber auch **ein** – **IHR** – ganz spezielles Feng-Shui-Thema. Zu den grundlegenden Dingen wie »Was ist Feng-Shui?« und »Was hat es mit den fünf Elementen auf sich?« finden sich bereits zahlreiche Bücher und Artikel im Netz. Doch auf Sie warten noch genügend andere Themen rund um Feng-Shui! Natürlich sollten Sie Ihre Artikel verständlich und spannend schreiben können.

Weshalb sind Fachartikel so gut geeignet?
Sie haben damit die Möglichkeit, eine Thematik aus Ihrer ganz eigenen Sicht darzustellen. Doch erwähnen Sie bitte auch, dass es sich um **IHRE** Meinung handelt.

Dazu kommt, dass Ihre Kunden von »Expertenbeiträgen« in Form von Artikeln in relevanten Magazinen sehr beeindruckt sein werden à la »Der hat wirklich etwas zu sagen. Da ist dieser Bericht erschienen in ...«. Es gibt kaum einen besseren Weg, um sich als Experte zu etablieren. Und meistens zu Recht, denn die meisten Magazine, Zeitungen und Onlineportale akzeptieren Fachbeiträge nur, wenn Sie von deren Qualität mehr als nur überzeugt sind. Leider ist dies in unserer Branche noch nicht überall angekommen und es wird geschrieben und veröffentlicht, was lieber verborgen geblieben wäre. Dazu manchmal bei Onlineforen, die es meiner Meinung nach besser gar nicht gäbe, weil sie definitiv ein völlig falsches Bild von uns Beratern wiedergeben.

> ▶ **Mein Tipp:**
> Überlegen Sie genau, wem Sie Ihren Artikel anbieten – denken Sie an Ihre »Spuren« im Internet!

Unsere Artikel werden – hoffentlich – von Hunderten gelesen, und viele davon nehmen alles für bare Münze. Also passen Sie bitte auf, was Sie schreiben!

Mein Artikel ist erschienen – und jetzt?
Super! Bauen Sie ihn gleich in Ihre Kommunikationsstrategie ein und stellen ihn auf Ihre Webseite. Am besten immer in Absprache mit dem entsprechenden Magazin oder der Zeitung.

- **Pressemitteilungen**

Das Verfassen von Pressemitteilungen ist eine sehr gute Gelegenheit, potenzielle Kunden auf sich aufmerksam zu machen.

Eine Pressemitteilung besteht normalerweise, ähnlich wie der Fachartikel, **aus:**

- einer Aufmerksamkeit erregenden, kurzen Headline (Überschrift). Diese soll Neugierde erwecken und die Redakteure zum Weiterlesen animieren. Ohne knackige Headline ist die ganze Mühe wahrscheinlich umsonst.
- einer etwas längeren Subline, die den Inhalt der Pressemitteilung näher beschreibt.
- Danach folgt der erste Absatz oder »Lead«-Paragraf. Nach dem Lesen des Lead-Paragrafs muss der Leser wissen, worum es geht.
- Wie stellen Sie sicher, einen gelungenen Lead-Paragrafen verfasst zu haben? Ganz einfach: durch die Anwendung der W-Fragen: Wer, Was, Wann, Wie, Warum, Wo und eventuell noch Wozu.
- Verfassen Sie Ihre Pressemitteilung in der dritten Person. Schreiben Sie sachlich und knapp. Vermeiden Sie Fachausdrücke, Fremdwörter und Abkürzungen.
- Der letzte Absatz sollte alle Details und Informationen enthalten.
- Am Ende der Pressemitteilung sollte noch ein kurzer Absatz »Über mich ...« zu finden sein, der in kurzen Worten über Ihr Portfolio/Ihre Person informiert.
- Und last but not least: An letzter Stelle steht Ihr Pressekontakt für Rückfragen oder finden sich Interviewwünsche.

Bitte beachten Sie unbedingt: Versenden Sie eine Pressemitteilung an einen klassischen Presseverteiler nur dann, **wenn Sie etwas wirklich Neues oder Aktuelles haben!** Etwa den Start einer Online-Beratungsplattform, die Veröffentlichung eines neuen Videos oder die Veranstaltung eines größeren Events, wie ein Feng-Shui-Beratertreffen o. Ä. Der Anlass muss das Versenden einer Pressemitteilung rechtfertigen. Redakteure haben **noch vollere e-Postfächer** als wir.

Wo soll ich meine Pressemitteilung veröffentlichen?
Dafür bieten sich Online-Presseportale an, auf denen man die Pressemitteilung teilweise gegen Bezahlung, in vielen Fällen aber auch kostenlos einstellen kann.

Auf den folgenden Plattformen erreichen Sie die Leser **kurzfristig**:
www.live-pr.com
www.presseanzeiger.de
www.ptext.de

Auf den folgenden Plattformen erreichen Sie die Leser **langfristig**:
www.openpr.de
www.online-artikel.de
www.firmenpresse.de

▪ Newsletter

Erhalten Sie gerne Newsletter?
Bei mir kommt das ganz drauf an. Es gibt einige wenige, auf die ich mich freue und die ich mit Genuss lese. Andere haben überhaupt keine Chance und verschwinden sofort im Papierkorb.

Somit ist Ihr erstes Ziel in dieser Hinsicht bereits formuliert: Der Empfänger soll sich freuen, wenn er von Ihnen Neues liest.

Wollen Sie regelmäßig Newsletter verschicken?
Wenn Sie der Meinung sind, dass Sie regelmäßig Neuigkeiten zu verkünden haben, ist **diese Art des Marketings** sicher passend. Sie können Ihre besonderen Dienstleistungen regelmäßig in Erinnerung bringen und – sehr wichtig – Kontakt mit Ihren Kunden halten.

Aufbau und Inhalte
In dem Wort »Newsletter« steckt das Wort **News**. Deshalb sollten Sie auch nur berichten, wenn es wirklich etwas Neues gibt. Ist dieses Neue für den Empfänger auch noch nützlich – klasse! Überlegen Sie sich auch hier eine Struktur, die Sie für den ersten und alle folgenden Newsletter beibehalten können. Platzieren Sie z. B.

ein passendes Zitat immer an der gleichen Stelle. Es ist außerdem wichtig, eine wertvolle Mischung aus eigenen und fremden, nützlichen und anregenden Inhalten zu schaffen, die einen wirklich guten von einem »Lösch-ich-gleich-Newsletter« unterscheidet.

Wie oft sollte ich einen Newsletter verschicken?

- Auch hier gilt: Weniger ist oftmals mehr. Einmal im Monat dürfte reichen.

Das Layout des Newsletters

Ellenlange Texte ohne Absätze und Bilder sind furchtbar! Das macht keinen Spaß! Denken Sie an Ihre einheitliche CI und an Fotos. Sehr wichtig sind das **Impressum und der Link zu Ihrer Homepage**. Zudem muss sich am Ende ein Link zum Abbestellen befinden!

Der Newsletter braucht auch einen Titel

Jetzt haben Sie die Möglichkeit, noch einmal ganz kreativ zu sein. Hier kann auch das Feng-Shui, das nicht unbedingt Namensteil Ihrer Homepage sein sollte, seine Berücksichtigung finden. Begriffe wie »**Insider**«, »**Tipps**« o. Ä. können gut verwendet werden, z. B. »Inside Feng-Shui« oder »Feng-Shui News«.

Messelust statt Messefrust

Messen können Ihnen auf zwei Arten von Nutzen sein: als **Besucher oder als Aussteller**. Beide Positionen bieten Vor- und Nachteile – für welche Sie sich entscheiden, hängt von den Zielen ab, die Sie erreichen wollen, und natürlich auch von Ihrem Budget.

Ihre Vorteile als Messebesucher

- Kosten- und Zeitaufwand sind erheblich (!) geringer.
- Sie sind räumlich und zeitlich flexibel.
- Sie können gezielt Termine mit Standinhabern Ihres Interesses vereinbaren. Als Aussteller sind Sie an Ihren Stand gebunden.
- Als anonymer Gast ist es leichter, eine Messe zur Marktanalyse zu nutzen – eine sehr gute Gelegenheit, um zu sehen, wie es die anderen machen.

Tipps für den Messebesuch

Aus Unternehmersicht ist es nicht wirklich zu empfehlen, sich spontan in den Zug oder ins Auto zu setzen und zu einer Messe zu fahren. Gehen Sie es lieber professioneller an:

- Ziele definieren: Machen Sie sich vorher klar: Was wollen Sie durch Ihren Messebesuch erreichen?
- Recherche betreiben: Finden Sie heraus, wann und wo relevante Messen für Sie und Ihr Thema stattfinden. Umso weiter die Messe entfernt ist, desto mehr erhöht sich Ihr Zeit- und Reiseaufwand.
- Bitte beachten Sie: Kaufen Sie rechtzeitig die Tickets für die Messe und buchen ggf. eine Übernachtung. Besonders bei großen Messen sind viele Hotels in der Messestadt schon Wochen vor dem Termin ausgebucht. Und – aus leidvoller Erfahrung: Nehmen Sie bequeme Schuhe mit. Messebesuche sind meistens anstrengender, als man glaubt!
- Visitenkarten nutzen: Beschriften Sie die Rückseite der Visitenkarten, die man Ihnen in die Hand drückt, und notieren Sie sich dort Stichworte zum Kartengeber, damit Sie hinterher noch wissen, was von wem kam.
- Messe nachbereiten: Verschicken Sie, was Sie zugesagt hatten; telefonieren Sie an den verabredeten Terminen; bauen Sie die entstandenen Kontakte weiter aus.

Wenn Sie derart **systematisch vorgehen**, wird die Messe auch für Sie **als Besucher zu einem lohnenden Auftritt**.

Ihr eigener Messeauftritt

Messen **können** ein ausgezeichnetes Marketinginstrument sein. Wenn Sie es richtig angehen, haben Sie anschließend die Bekanntheit Ihrer Firma gesteigert, Neukunden gewonnen, Ihre Dienstleistungen präsentiert und Kundenpflege betrieben.

Die Messeauswahl

Als erster Schritt auf dem Weg zu Ihrer erfolgreichen Messe

steht die richtige Auswahl einer Veranstaltung. Dabei sollten Sie folgende Kriterien beachten:

- **Wo findet die Messe statt?**

Es macht wenig Sinn, in der 300 Kilometer entfernten Stadt auszustellen, wenn Sie von vorneherein für sich und Ihre Familie festgelegt haben, einen Radius von nicht mehr als 50 Kilometer zu bedienen.

- **Stimmen die Besucher mit Ihrer Zielgruppe überein?**

Wenn Sie partout keinesfalls mit Esoterik in Verbindung gebracht werden wollen, dann sollten Sie derartige Messen meiden.

- **Welche Mitaussteller sind auf der Messe?**

Sehen Sie sich die Aussteller der vergangenen Jahre an, das gibt Ihnen einen guten Querschnitt. Oft macht es Sinn, zuerst einmal als Besucher und erst im Jahr danach als Aussteller einer Messe zu fungieren.

Die Anmeldung

Jeder Aussteller möchte einen guten Standort in den Messehallen erhalten. Dabei spielen sowohl die Lage in der Halle als auch die der anderen Aussteller im gleichen Bereich eine Rolle.

Den Messeauftritt festlegen

Im nächsten Schritt legen Sie fest, was Sie auf welche Weise bei der Messe zeigen möchten. Legen Sie Aussehen und Aufbau des Messestandes fest. Hierzu gehört auch die Entscheidung, ob Sie Ihren Stand kaufen oder mieten möchten.

- **Bestimmen Sie die Leistungen, die Sie ausstellen möchten.**
- **Wollen Sie Neuheiten ausstellen? Ich persönlich habe zwar keine Produkte, die ich ausstellen könnte, aber eine Messe bietet dafür eine gute Möglichkeit.**
- **Denken Sie daran, auch Ihren Messestand nach Feng-Shui-Kriterien zu gestalten.**
- **Bestellen Sie rechtzeitig beim Drucker neue Visitenkarten und Flyer.**

Die Standbesetzung

Für Ihr kleines Unternehmen sind der Messeauftritt und damit der Messestand hinsichtlich der Größe sicher beschränkt. Die Standbesetzung reduziert sich somit auf Sie und einen oder zwei Helfer. Doch auch das will rechtzeitig organisiert sein.

Die Kundeninformation

Ihre Kunden müssen wissen, dass Sie auf der Messe ausstellen. So können sie sich auf ein Treffen vorbereiten und eventuell einen Termin vereinbaren.

- **Laden Sie wichtige Kunden zur Messe ein oder – falls noch nicht vorhanden – potenzielle Kunden. Sie können als besonderes Zuckerl Eintrittsgutscheine vergeben, die Sie aber nach der Inanspruchnahme durch die Kunden an die Messegesellschaft bezahlen müssen. Das kommt gut an und wird auch gerne genutzt. Das weiß ich aus eigener Erfahrung. Jeder Mensch fühlt sich gerne als VIP, auch wenn es sich »nur« um den kostenlosen Eintritt handelt. Doch denken Sie daran, es kommt noch eine Rechnung dafür – häufig Wochen später, wenn Sie wahrscheinlich gar nicht mehr damit rechnen.**

Der Standaufbau

Unterschätzen Sie nicht den Aufbau des Messestandes. Für den Standaufbau muss ausreichend Zeit eingeplant werden. Es kommt immer zu unerwartetem Mehraufwand.

Ein Plan für den Standaufbau mit Angaben darüber, was zu welchem Zeitpunkt aufgebaut wird, ist eine große Hilfe. Auf jeden Fall sollte eine Zeichnung mit den wichtigsten Einträgen vorhanden sein.

Die Messe

Der Stand ist aufgebaut und Ihre Zielgruppe informiert. Die Messe kann beginnen. So anstrengend die Messetage auch sind, hier gilt der berühmte Satz »Der Kunde ist König« mehr denn je.

- Sie müssen den Eindruck erwecken, dass Sie auf den Kunden warten. Der Stand darf nie leer sein – das macht keinen guten Eindruck.
- Im Gespräch müssen Sie Ihre Kompetenz zeigen. Hier können Sie nicht erst in den Unterlagen blättern, sondern müssen Rede und Antwort stehen. Es ist ratsam, Anschauungsmaterial Ihrer Arbeit parat zu haben.
- Die Daten des Besuchers werden aufgenommen, um später auf dessen Wünsche reagieren zu können.
- Abschließend wird vereinbart, was nach der Messe geschieht. Möchte der Besucher sich melden, erhält er mehr Informationsmaterial zugeschickt oder möchte er besucht werden? Legen Sie diese Vereinbarungen explizit schriftlich nieder, damit nichts im Trubel vergessen wird.
- Machen Sie den evtl. ebenfalls ausstellenden Mitbewerber nicht schlecht – das wirft kein gutes Licht auf Sie!
- Denken Sie an bequeme Schuhe – am besten ein Paar zum Wechseln mitnehmen!

Der Standabbau

Es ist Abend und Sie wollen nur noch nach Hause. Verständlich! Dennoch gibt es gewichtige Gründe, auch den Standabbau sorgfältig zu planen, durchzuführen und zu beaufsichtigen.

- Die auf dem Messestand vorhandenen Muster können einen erheblichen Wert haben. Verschwinden sie oder werden beschädigt, dann erhöhen sich die Kosten der Messeteilnahme entsprechend.
- Der Stand selbst wird, soweit er das Eigentum Ihres Unternehmens ist, bei der nächsten Messe wieder verwendet. Beschädigungen beim schnellen und unkoordinierten Abbau führen zu vermeidbaren Kosten.

Die Nachbereitung

Jetzt ist es an der Zeit, die Früchte der Messe zu ernten. Sichern und bewerten Sie die entstandenen Kontakte.

- Tragen Sie dafür Sorge, dass die versprochenen Aktionen möglichst zeitnah erledigt werden. Die versprochenen Unterlagen müssen verschickt, Telefonate geführt werden.
- Ziehen Sie ein eindeutiges Resümee der Messeteilnahme. Halten Sie auch evtl. negative Ergebnisse fest.

Die Kosten der Messe festzustellen ist relativ einfach. Addieren Sie die einzelnen Kostenpositionen für Flächenmiete, Messestand, Personaleinsatz, Werbematerial und Muster. Wenn Sie Muster und Messestand weiter benutzen, setzen Sie selbstverständlich nur die anteiligen Kosten für diese Messe (Abschreibungen) an.

Sparmöglichkeiten bei Messen

- Stellen Sie gemeinsam mit Kollegen aus. Das erspart zum einen Kosten und der Stand ist jederzeit von Experten besetzt. Es sollten aber Kollegen sein, deren Auffassung von Feng-Shui Ihrer eigenen gleicht.
- Ein kleinerer Messestand verringert Standmiete, Standkosten und andere abhängige Positionen.
- Ist die Ausstellung auf der Messe jedes Jahr notwendig oder reicht es auch, wenn Sie nur jedes zweite Jahr teilnehmen?

Fahrzeugwerbung

Bannerwerbung auf einem Bus oder Werbung an einem Taxi erhält man häufig bereits für 200 Euro Miete pro Monat. Vielleicht ist das auch für Sie interessant? Neben der Fahrzeugwerbung an Bussen, Bahnen oder Taxen ist aber sicher die Werbung am eigenen Fahrzeug die interessantere Variante. **Achten Sie unbedingt darauf**, dass diese Werbung **auch nach einiger Zeit noch sauber und unbeschädigt ist**. Der Zustand der Fahrzeugwerbung, vor allem am eigenen Fahrzeug, lässt auf die Qualität Ihrer Leistung schließen. Allgemein sollten Sie bei Fahrzeugwerbung Folgendes beachten:

- Die Fahrzeugwerbung sollte durch einen Grafiker gestaltet werden.
- Die Herstellung der notwendigen Folien erfolgt in aller Regel

durch digitale Automaten. Dies ist durchaus preiswert, vor allem bei Werbung ohne Fotos.

- Das Aufbringen und Entfernen müssen Sie bezahlen. Achten Sie darauf, dass der Kleber leicht wieder entfernt werden kann.

Übrigens gibt es seit ein paar Jahren das **Car-Wrapping**. Eine coole Sache. Hierbei wird das vollständige Fahrzeug beklebt. Mit einer guten Idee der absolute Hingucker!

▪ Der eigene Imagefilm

Auf Messen und Events, im Internet, auf Ihrer Webseite oder bei Unternehmenspräsentationen – ein Imagefilm hat die Aufgabe, Emotionen zu entfachen und Menschen zu begeistern. Aus **Bildern und Geschichten** lässt sich ein Erlebnis produzieren, das Ihr Unternehmen aufregend und anregend präsentiert.

Bei der Konzeption und der Produktion Ihres individuellen Imagevideos kommt es darauf an, Ihr Unternehmen in das richtige Licht zu rücken und es von seiner »Schokoladenseite« zu zeigen.

Ich persönlich habe die besten Erfahrungen mit meinen bisher erschienenen Imagefilmen gemacht. Die Reaktionen sind sehr positiv und die darauffolgenden Aufträge äußerst reizvoll. Hier kommt das Gesetz der Resonanz ins Spiel – denn ich erhalte genau die Aufträge, die ich haben möchte, und zwar von Kunden, die von meiner Art des Arbeitens angesprochen werden.

> ▶ **Mein Tipp:**
> Sie wollen nicht selbst im Film auftreten? Setzen Sie sogenannte Testimonials ein.

▪ Anzeigen

Dies ist eine nicht gerade günstige Art des Marketings. Möglichkeiten, eine Anzeige zu platzieren, gibt es viele, deshalb sollten Sie hier genau analysieren, was Ihnen am meisten bringt. Für uns kleine Unternehmen kommen ohnehin meist nur regionale Tageszeitungen und Anzeigenblätter infrage.

Sparmöglichkeiten bei Anzeigen

Bereiten Sie den Anzeigentext in digitaler Form vor. Lassen Sie sich von der Anzeigenredaktion eine Vorlage geben, in die Sie Ihre Inhalte erfassen können. Das spart Kosten, Zeit und gibt Ihnen sofort eine Vorstellung vom späteren Aussehen.

- **Eine reduzierte Anzeigengröße verringert die Kosten.**
- **Ist es notwendig, die Anzeigen farbig zu veröffentlichen, oder reichen auch Schwarz-Weiß-Darstellungen?**
- **Wenn Sie öfter inserieren: Muss Ihre Anzeige wirklich jede Woche in der Tagespresse erscheinen?**

Effekt der Wiedererkennung

Wenn eine Anzeige einmal richtig aufgebaut ist, wird der Leser sie bei der nächsten Veröffentlichung besser wiedererkennen, auch wenn die Inhalte anders sind. Damit wird die Wiederholungswerbung besser angenommen. Ändern Sie Ihre Anzeigengestaltung daher nur behutsam, um den Leser mitzunehmen.

Platzierung möglichst rechts oben.

Ob in Tageszeitung oder Zeitschrift und auf welcher Seite auch immer Ihre Anzeige erscheint, versuchen Sie, sie möglichst oben rechts in der Ecke der Seite zu platzieren. Dort entsteht die größte Aufmerksamkeit, dort schaut der Leser beim Blättern zuerst hin.

▪ Onlinewerbung mit Google AdWords

Eine andere Möglichkeit, um relativ einfach im Internet Werbung zu schalten, ist die Erstellung einer Onlinekampagne mithilfe von Google AdWords. Mit diesem Service von Google erscheint Ihre kleine Textanzeige immer wieder oberhalb oder rechts von der Google-Ergebnisliste. Zusätzlich gibt es die Möglichkeit, die eigenen Textanzeigen auf anderen Onlineplattformen erscheinen zu lassen. Das Gute an dieser Methode ist, dass Sie erst dann Geld bezahlen, wenn jemand auf Ihre Anzeige klickt. Sie können zudem selbst festlegen, in welcher Höhe Sie monatlich mit Google werben wollen und auch austesten, wie sich dies auf Ihre Auftragslage auswirkt. Einführungen mit Anleitungen zu Google AdWords finden Sie auf www.youtube.de.

- **Empfehlungsmarketing/Mundpropaganda**

> *»Man wird nicht dadurch besser, dass man andere schlecht macht.« (Heinrich Nordhoff)*

Sicher verlassen auch Sie sich bei Anschaffungen oder der Vergabe von Aufträgen gern auf Tipps von Freunden und Bekannten – egal, ob Sie einen guten Steuerberater suchen oder sich einen neuen Computer zulegen möchte. Empfehlungen sind daher für die Neukundengewinnung sehr wichtig.

Persönliche Empfehlung von Geschäftskunden

Wer im Businessbereich unterwegs ist, kann sich recht sicher sein, dass seine Kunden über ein großes Netz an Kontakten verfügen. Äußert sich der Kunde nach Projektabschluss zufrieden, ist es problemlos möglich, nachzufragen, ob er nicht jemanden aus seinem Netz kennt, der ebenso die Dienstleistung oder das Produkt brauchen kann. Wenn dann ein Name fällt, bitten Sie gleich um die Kontaktdaten des potenziellen Neukunden. Fragen Sie aber immer nach, ob Sie sich bei der Ansprache auf den Tippgeber berufen dürfen. Empfehlungen sind nicht selbstverständlich. Deshalb ist es von Bedeutung, sich beim Tippgeber zu bedanken, auch dann, wenn kein Geschäft zustande gekommen ist. Außerdem ist es gut, wenn man sich einmal revanchieren kann.

Empfehlungen von Privatkunden

Warum denn nicht einmal wie manche Friseure oder Kosmetiker agieren? Dort erhält der Kunde an der Kasse kleine Karten, auf die er seinen Namen eintragen kann und die er dann an Freunde oder Bekannte weiterreicht. Haben Sie schon einmal daran gedacht, **Beratungsgutscheine** an Kunden oder potenzielle Kunden mit der Bitte um Weitergabe bei Zufriedenheit zu verteilen?

Wie Sie an Empfehlungsschreiben kommen

Bestehende Kunden, die mit Ihrer Beratungsleistung zufrieden sind, sind oft gern bereit, ein Empfehlungsschreiben auszustellen. Dennoch ist die Frage danach immer ein Risiko. Lehnt der Kunde ab, kann dies das Geschäftsverhältnis trüben. Überlegen Sie daher:

- **Zu welchen Kunden besteht ein guter, enger Kontakt?**
- **Bei welchem Kunden ist ein Auftrag von entsprechender Größe ausgesprochen gut gelaufen?**
- **Welcher Kunde ist sehr bekannt und bedeutend in der Branche, wessen Meinung hat besonderes Gewicht?**

Bei diesen Kunden bestehen gute Aussichten, ein Empfehlungsschreiben zu erhalten. Der Brief gehört dann in die Präsentationsmappe, die an die Neukunden geht. Ausschnitte daraus können auch auf der eigenen Homepage unter »Referenzkunden« zu finden sein.

■ Referenzen

Mal ehrlich: Lassen Sie sich von Rezensionen beeinflussen? Ich schon. Bücher- und Hotelbewertungen im Internet lese ich immer. Was andere Kunden zu einem bestimmten Produkt zu sagen haben, hat **großen Einfluss** auf meine **Kaufentscheidung**.

Was für den Kauf von Büchern gilt, zeigt auch Wirkung bei unseren Beratungen. Gerade in unserem Bereich, der derart widersprüchlich erscheint, ist es meines Erachtens ganz wichtig, beim potenziellen Kunden eine Art **Vertrauensvorschuss** aufzubauen.

Wenn Referenzen gelesen werden, beantwortet dies die unausgesprochenen Fragen vieler Interessenten: Was macht sie oder er? Wie sind andere zufrieden – stimmt das Preis-Leistungs-Verhältnis? Ist alles nur heiße Luft? Sind Sie so kompetent, wie Sie versprechen?

Referenzen haben den **Vorteil**, sehr **glaubwürdig** zu sein: Die besondere Qualität Ihrer Dienstleistung wird aus der Sicht der Kunden bewertet und gewürdigt. Und solch ein Lob von außen wirkt einfach besser und vertrauenerweckender als eigene Werbung. Da gehen Sie sicher nicht anders vor, oder? Auch Sie selbst folgen mit Sicherheit **Empfehlungen** von Freunden und Bekannten – vor allem, wenn es darum geht, einen Fremden in Ihr Leben eingreifen zu lassen.

Wie Sie an gute Referenzen gelangen

Empfehlungen und Referenzen kommen Ihnen nicht automatisch zugeflogen, dafür müssen Sie aktiv werden. Übrigens ganz im Gegensatz zu **negativer Mundpropaganda**: Schon 1991 kam Jerry Wilson, Mundpropaganda-Experte aus den USA, zu einem interessanten Ergebnis, als er untersuchte, wie Kunden von sich aus über ihre Erlebnisse mit Unternehmen sprechen. Danach werden negative Erlebnisse im Schnitt 33 Mal weitererzählt, positive hingegen nur 3 (!) Mal. Wenn Sie also wollen, dass man über Ihre guten Angebote spricht, dann macht es Sinn, **wenn Sie Ihren Kunden ab und zu einen kleinen »Schubs« geben**, um an eine aussagekräftige Referenz zu gelangen.

Eine wesentliche Voraussetzung dafür ist natürlich, dass Sie eine Leistung mit dem entscheidenden »Mehr« bieten: *mehr* Service, *mehr* Qualität, *mehr* Ideen.

Der beste **Zeitpunkt** für ein solches Ansinnen ist übrigens direkt nach dem erfolgreichen Abschluss eines Projekts.

Ich habe auf meiner Internetseite keine Referenzen, sondern, der Einfachheit halber, den **Feng-Shui-Beraterkatalog** (www.feng-shui-katalog.de) **als Link** hinterlegt. Dort lasse ich mich und meine Leistungen von meinen Kunden und Seminarteilnehmern bewerten. Manche wollen dabei nur ihre Anfangsbuchstaben nennen – das ist in Ordnung für mich –, andere möchten gar nicht schreiben, aus Angst, plötzlich »gestalkt« zu werden, weil sie im Internet öffentlich in Erscheinung treten. Auch gibt es Kunden, die weder Fotos noch Namensnennungen veröffentlicht haben wollen. Das respektiere ich natürlich. Dafür kann ich in diesem Fall mit einem potenziellen anderen Kunden vorbeikommen. Ich sage ja, das Thema »Feng-Shui und Kunde« ist ein ganz Spezielles ...

Sie werden staunen, wie viele Menschen tatsächlich auf solche Referenzen reagieren und nachfragen. Sie tun gut daran, sich auf derlei **Nachfragen vorzubereiten** – und Ihre Referenzgeber natürlich auch.

Wie Sie Ihre Referenzen am besten nutzen:
Ihre Referenzen lassen sich vielfältig für Ihr Marketing einsetzen. Die meisten Menschen gehen jedoch eher sparsam damit um. **Deshalb seien an dieser Stelle ein paar Verwendungsmöglichkeiten aufgeführt.**

Homepage: Da sich viele Menschen heutzutage online über Produkte und Dienstleistungen informieren, sollten Sie auf Ihrer Homepage unbedingt einen Bereich einrichten, in dem Sie Referenzen nennen.

Ich höre zuweilen als **Gegenargument**, dass man dann ja dem Wettbewerb seine Kunden nennen würde. Ich lasse das nicht gelten. Wenn Sie schon selbst so wenig Vertrauen in die Qualität Ihres Angebots haben, wird es der Wettbewerb ohnehin nicht schwer haben, Ihnen Ihre Kunden abzujagen ...

Imagebroschüre: Auch Ihre sonstigen Werbemittel profitieren vom Einsatz gezielt platzierter Referenzen. Sie **lockern die** zuweilen etwas **trockene Lektüre auf** und dienen auch hier wieder zur Untermauerung Ihrer Glaubwürdigkeit.

Angebotsmappe: Das Referenzschreiben eines zufriedenen Kunden in der Angebotsmappe kann Wunder wirken.

Blog: Wenn Sie einen eigenen Blog betreiben, machen sich Interviews mit ausgewählten Referenzkunden immer gut. Damit können Sie Ihre **Kompetenz** sehr gut **unter Beweis stellen**. Und Ihr Kunde freut sich auch, wenn er so im Fokus steht.

Empfehlungsportale und andere Blogs: Lassen Sie über sich bloggen oder sich auf Empfehlungsportalen bewerten, z. B. bei Qype.

■ **»Look at me« oder: Die Kunst der Selbstvermarktung**

WANN haben Sie das letzte Mal auf **sich aufmerksam** gemacht? **Weiß Ihr Umfeld genau**, was Sie machen?
Kann ein Fremder erkennen, dass Sie **Experte auf Ihrem Gebiet sind?**

Als Kleinunternehmer ist Ihre **PERSÖNLICHKEIT** eines der überzeugendsten Marketinginstrumente, die Sie einsetzen können. Dass Sie hervorragende Arbeit leisten, ist für Sie selbstverständlich. Aber **wissen das auch Ihre potenziellen** Kunden? **Hier kommt die sogenannte Selbst-PR** als ein notwendiger Teil Ihrer Marketingstrategie ins Spiel.

Wenn ich Ihnen die Frage stelle: »**Was machen Sie beruflich?**« – was würden Sie mir dann antworten? Sicher nennen Sie bei dieser Frage Ihre Berufsbezeichnung. Doch wie antworten Sie auf die nächste Frage, die auf die erste unweigerlich folgt: »Und was machen Sie da **genau**?« – **Tja, was machen Sie denn genau?**

»Was ist das Besondere und Einzigartige an Ihrem Angebot?«
Bringen Sie es auf den Punkt. **KKK (kurz, knapp, knackig)** lautet die Devise. Feilen Sie so lange daran herum, bis Sie Ihre Kernaussage für Ihr Leistungsportfolio gefunden haben. Für **Ihre PR in eigener Sache brauchen Sie zwei Aussagen**: einen Interesse auslösenden Satz, den Sie immer dann anwenden, wenn Sie anderen Menschen begegnen und eine Kurzfassung von maximal einer Minute, die veranschaulicht, was Sie einzigartig macht.

c. PRICE: Preispolitik

Was kann ich für meine Beratungsleistung verlangen?

»Was muss ich denn da rechnen?« Diese Frage vom Kunden kommt so gut wie immer – auf der Messe, nach dem Vortrag ... – da nutzt es nichts, wenn Sie bei einem Kollegen anrufen und fragen: »Wie machst du das?«

Wie errechnet sich Ihr Stundenlohn?

Die Rechung geht wie folgt:

Sie sollten auf jeden Fall dabei Ihre gesamten Lebensunterhaltskosten ermitteln:

- Miete oder Hypothekenzinsen samt Tilgung
- Nebenkosten wie Strom, Wasser etc.
- Ausgaben für weitere Seminare und Workshops
- Fachzeitschriften, Bücher
- Telefon, Internetgebühren
- Beiträge für Netzwerke
- Ausgaben für Lebensmittel und alle anderen wichtigen Dinge wie Drogerieartikel
- Kosten für den PKW
- Kosten für berufliche und private Versicherungen
- Bekleidung
- Private Vergnügen, Vereinsbeiträge
- Steuern
- Rücklagen für den Urlaub
- Evtl. Kosten für die Kinder

Beispiel:

Nehmen wir an, Sie brauchen in Ihrem Fall pro Monat		
	2.500	Euro.
Zuzüglich 30 % Steuern pauschal:	750	Euro
Zuzüglich 40 % Vorsorge pauschal:	1.000	Euro
Daraus resultiert eine Summe von	4.250	Euro/Monat.
Somit liegen wir im Jahr bei	51.000	Euro.

Abgesehen davon, dass Sie keine 52 Wochen im Jahr arbeiten, sondern wahrscheinlich nur 46 oder 48, müssen Sie diesen Betrag in dieser Zeit erzielen. Das ist schnell gerechnet: bei 48 Wochen benötigen Sie 1.062,50 Euro/Woche – bei fünf Tagen 212,50 Euro am Tag. Rechnen Sie nun noch den Stundensatz bei veranschlagten acht Stunden, dann sind wir bei 26,56 Euro.

Ganz ehrlich – das sind die Stunden, die Sie verkaufen wollen – verkaufen müssen. Subtrahieren Sie dann noch die gesetzlichen Feiertage, an denen Sie sicher nicht arbeiten, und rechnen Sie vorsichtshalber einige Krankheitstage ab. Dazu kommen viele unbezahlte Stunden für Akquise, Vorträge, Telefonate. Sie müssen Messen vor- und nachbereiten, Artikel schreiben, Workshops vorbereiten – ein neues Konzept zu entwickeln, dauert manchmal Tage! Dann noch die Kontaktpflege – das Netzwerken. Sie müssen Ihr Büro organisieren, Rechnungen und Kostenvoranschläge schreiben, Ihre Buchhaltung à jour halten. Im Fachjargon nennt man diese Art der Arbeit »unproduktive Stunden«, die trotzdem eingerechnet werden müssen.

d. PLACE: Distributionspolitik

- **Der richtige Standort:**

»Feng-Shui ist viel zu wirkungsvoll, um es zu ignorieren.«

Gerade für uns Feng-Shui-Berater spielt der »Standort« unseres Unternehmens natürlich eine große Rolle. Sicher, wenn Sie »nur« als Berater arbeiten und kein Ladenlokal besitzen, werden Kundenbesuche eher selten sein. Aber auch wenn nie jemand bei Ihnen vor Ort sein wird, sollte es Ihnen ein großes Anliegen sein, Ihrer Firma vor allem von der Feng-Shui-Seite aus den besten Start zu ermöglichen. Denken Sie dabei an das **Prinzip des Landschafts-Feng-Shui**! Auch Ihre Adresse selbst ist wichtig. Ich habe das große Glück, in Baden-Baden zu wohnen. Diese Stadt weckt sofort positive Assoziationen. Wenn Sie in einem kleinen Ort wohnen, den niemand kennt – machen Sie daraus einen Goliath und schreiben Sie Günzelshausen bei Stuttgart oder Magerheim bei München.

- **Das Homeoffice – der kürzeste Weg zu mehr Zeit.**

»Herrlich, endlich keine langen Fahrwege mehr!« So schön es ist, von zu Hause aus zu arbeiten, so wichtig ist es auch, wie wir daheim arbeiten.

Viele von uns sind es gewohnt, Wohnen und Arbeiten zu trennen. Nun fällt das weg, und glauben Sie mir, es kostet einige Überwindung, alleine zu arbeiten. Sie haben niemanden, mit dem Sie kurz eine Kaffeepause abhalten können, keiner fragt, ob sie mit in die Mittagspause gehen. Sie müssen nicht Punkt 8.00 Uhr da sein, können um 14.00 Uhr Feierabend machen. Na ja – schön wär's!

Häufig erweist sich zudem die Ablenkung durch den Haushalt oder Familienangehörige als massive Störung im geplanten Büro-Tagesablauf.

Durch den Kontakt mit anderen Beraterkollegen hatte ich bereits die Möglichkeit, manches Homeoffice zu besichtigen und war manchmal – gelinde gesagt – entsetzt.

Kennen Sie das Sprichwort: »Der Schuster hat die schlechtesten Leisten«? Genau das habe ich mir auch manchmal gedacht. Entweder ist der Schreibtisch nur ein Teilbereich des Esszimmers und steht in der Ecke mit Blick auf die Wand, oder das vorhandene Arbeitszimmer ist notdürftig im Keller untergebracht. Doch ich habe auch »richtige« Büros gesehen, voll mit Zeitschriften und Büchern, die einen fast erschlagen. Unglaublich! Wie kann ich denn kompetent beraten, wenn mein Büro von Gerümpel überquillt?

Neben der finanziellen Investition für das Homeoffice (s. Businessplan) bedarf es also vor allem eigener psychischer Energie, hoher Eigenverantwortung und viel Disziplin.

Nachfolgend habe ich zusammengetragen, was man meines Erachtens für sein eigenes Büro beachten sollte:

Trennen Sie beruflich und privat!
Generell ist es immer besser, wenn das Arbeitszimmer ein geschlossener Raum ist und nicht nur eine kleine Ecke im Schlafzimmer.

Halten Sie konsequent Ordnung!
Entrümpeln ist das A und O. Und das regelmäßig. Nichts ist so schlimm wie ein unordentlicher Arbeitsplatz, voll belegte Schränke, Bücher auf dem Fußboden und Chaos im PC. Glauben Sie mir, ich weiß, wovon ich spreche. Von Natur aus ordentlich veranlagt, miste ich konsequent alle sechs Wochen komplett

aus und bin immer wieder überrascht, wie viel da zusammenkommt.

- Benutzen Sie Ihren Arbeitsplatz ausschließlich für die Arbeit. Das Büro ist kein Kinderzimmer.
- Räumen Sie auf dem Schreibtisch auf – jeden Tag!
- Gewöhnen Sie sich eine kontinuierliche Ablage an. Tun Sie es gleich!
- Sortieren und bearbeiten Sie die Post am gleichen Tag. Verwenden Sie eine Mappe mit Datum zur baldigen Wiedervorlage. Bilden Sie keine Stapel.
- Beantworten Sie E-Mails möglichst noch am gleichen Tag und setzen Sie sich dafür ein festes Zeitlimit.
- Sortieren Sie wichtige Mails direkt in die dazugehörigen Ordner im PC.
- Löschen Sie Unwichtiges und leeren Sie auch regelmäßig den Papierkorb im PC.
- Kaufen Sie geschlossene Schränke. Wenn Sie Bücherregale benutzen, stellen Sie die Bücher vorne an die Kante.
- Werfen Sie alte Zeitschriften konsequent weg (»Sind die ausgeschnittenen Artikel wirklich so wichtig?«).
- Arbeiten Sie mit To-do-Listen. Das macht den Kopf frei und man hat abends das schöne Gefühl, »richtig was erledigt zu haben«.

Wo sollte mein Schreibtisch stehen?

Klar – wir Feng-Shui-Berater wissen das. Aber warum hält sich manch einer nicht daran?

Am besten positionieren Sie Ihren Schreibtisch so, dass Sie die Tür im Blick haben und das Fenster seitlich liegt. Auf keinen Fall sollten Sie mit dem Rücken zur Tür sitzen, denn nur eine feste Wand bietet Schutz. Denken Sie an das Blocken einer etwaigen Tür-Fenster-Linie! Und Sie wissen ja: Ihre persönliche KUA-Zahl gibt Ihnen die beste Himmelsrichtung zum Arbeiten vor.

Welche Farben sollte ich wählen?

Denken Sie auch daran, Ihre stärkenden Farbtöne zu nutzen. Das kann auch mit einem tollen Wandbehang oder der passenden Tapete geschehen.

Was muss ich bei der Auswahl der Büromöbel beachten?

Der Schreibtisch sollte abgerundete Ecken haben. Ich habe es am Anfang auch nicht wahrhaben wollen, aber es arbeitet sich anders. Ist das aber nicht möglich, weil der Geldbeutel oder der Platz das einfach nicht erlauben, dann kann für den Anfang auch mit günstigen Alternativen gearbeitet werden. Feng-Shui-Auswertungen sind auch dann gut machbar. Es gilt ohnehin Folgendes: Der Mix muss stimmig sein. Man braucht auch feste Kanten. Blocken Sie evtl. angreifende Ecken mit Pflanzen. Stabilität ist bei den Möbeln sehr wichtig. Die Schreibtischplatte sollte deshalb nicht aus Glas sein, sonst fehlt die solide Basis. Eine Arbeitsplatte aus Holz ist optimal. Denken Sie an genügend geschlossene Schränke mit dementsprechendem Stauraum.

Beleuchtung und Pflanzen

Sorgen Sie für einen gut ausgeleuchteten Arbeitsplatz. Pflanzen haben ebenfalls einen positiven Einfluss, denn sie reinigen die Luft und dienen als Qi-Auffrischer und teilweise »Blocker« bei Tür-Fenster-Linien oder eckigen Kanten. Denken Sie daran, aufstrebende, nach oben wachsende Pflanzen ohne Spitzen zu nutzen. Sie symbolisieren zu den anderen guten Eigenschaften zusätzlich Ihr Streben nach Erfolg und guten Geschäften.

Die Aktivierung der BAGUA-Zonen

Dazu muss ich wahrscheinlich nicht viel erklären, die kennt ja jeder. Ich persönlich wende das Drei-Türen-Bagua nie an, sondern richte mich stets nach den Himmelsrichtungen. Auch bei der Einrichtung meines Büros. **Denken Sie daran, dass drei Münzen alleine in der Reichtumsecke Sie nicht wirklich voranbringen werden.** Abgesehen davon, dass das meiner Meinung nach Humbug ist, müssen Sie auch alle anderen Bereiche stützen. Denn für wirklichen Erfolg im Geschäftsleben brauchen Sie alles – gutes Know-how, das Wissen um Ihre Herkunft, Wohlstand und Reichtum, Ihr Image nach außen, erfolgreiche Kundenbeziehungen, ausreichend neue Projekte, Unterstützung durch Mentoren und last but not least Zeit und Raum für Visionen. Wie und was Sie aktivieren, müssen Sie entscheiden; das wird je nach besuchter Feng-Shui-Schule anders gewertet.

Unterschiedliche Türschilder
Sie symbolisieren und unterstreichen noch einmal die berufliche und private Trennung. Gönnen Sie sich ein schönes Firmenschild mit Ihrem Logo.

Büromäßige Kleidung
Es macht weder für Sie noch Ihr Unterbewusstsein einen guten Eindruck, wenn Sie von morgens bis abends im Jogginganzug am Schreibtisch sitzen. Sich seiner selbst bewusst zu sein, macht in unserem Beruf alles aus. Also seien Sie sich morgens bewusst, dass Sie jetzt in Ihr Büro gehen, Ihrer Arbeit nachgehen. Machen Sie sich zurecht – nein, Kostüm und Anzug müssen es nicht sein, aber »Casual Friday« trifft es ziemlich.

3.2.5 Den Finanzbedarf ermitteln

Wenn eine finanzielle Planung nicht Ihre Stärke ist, sollten Sie sich bei der Erstellung des Finanzplans kompetente Unterstützung holen, damit Sie sicher sind, nichts Wichtiges übersehen zu haben.

▪ Checkliste Finanzbedarf als Feng-Shui-Berater

Investitionen in Form von Büroeinrichtung, Computer, Telefon, Anrufbeantworter, Drucker, Kopierer, Faxgerät ...

Personalkosten: in unserem Fall Ihre Privatentnahme[2]*

Betriebsmittel: evtl. Miete, Bürokosten

Sonstige Kosten: Genehmigungen, PR, Marketing, Markteinführung

▪ Ihr individueller Kostenplan

Machen Sie sich am besten gleich ans Werk und stellen Sie ei-

[2] Ihre Privatentnahme sollte Ihren persönlichen Lebensunterhalt decken (Miete/Nebenkosten/Telefon/Lebensmittel/Kleidung ...)

nen konkreten Kostenplan für die nächsten zwölf Monate auf. Dieser sollte sich aufteilen in fixe Kosten, die jeden Monat anfallen (Miete inkl. Nebenkosten, Telefon, Internet, Versicherungen, Beiträge, Leasing u. a.), sowie variable Kosten (wie Seminarteilnahmen, Werbemaßnahmen etc.).

Es ist sinnvoll, darauf zu achten, dass Sie den fixen Kostenblock vor allem am Anfang niedrig halten. Der Monat ist schneller rum, als man denkt, und dann tun auch die 40,00 Euro Beitrag weh, die »von wem auch immer« abgebucht werden.

- **Ihr Umsatzplan**

Einen solchen zu erstellen, ist schwierig, ich weiß. Dies gilt vor allem für den Beginn der selbstständigen Tätigkeit. Trotzdem müssen Sie wissen, was Sie im Monat mindestens umsetzen müssen, um nicht auf Dauer von Ihren Ersparnissen zu leben.

Errechnen Sie diesen Umsatz aus Ihren monatlichen Lebenshaltungskosten inkl. Ihren privaten Mietkosten und Versicherungen zzgl. Ihrer evtl. Büromiete.

- **Ihre Gewinnplanung**

Diese gestaltet sich, vor allem am Anfang, noch schwieriger als die Umsatzplanung. Grob überschlagen, kann Ihre Gewinnplanung aussehen wie folgt:

Ihre Netto-Umsatzerlöse (ohne MwSt.)
./. evtl. Netto-Wareneinsatz ergibt den **Rohertrag**,
./. Kosten ergibt **Ihren Gewinn vor Steuern**,
./. Einkommensteuer ergibt **Ihren Gewinn nach Steuern**.

Je nachdem, was Sie in den ersten zwei Jahren verdienen, kann es sein, dass Sie keine Steuern zahlen müssen. Eine **Einkommensteuererklärung** müssen Sie gleichwohl abgeben.

> ▶ **Mein Tipp:**
> Legen Sie regelmäßig Geld für spätere Steuerzahlungen zur Seite, dann gibt es keine unliebsamen Überraschungen.

3.2.6 Die passende Rechtsform

Es ist nicht einfach, eine geeignete Rechtsform zu wählen. Hier würde ich unbedingt das Gespräch mit einem Steuerberater empfehlen!

Ich persönlich habe ein Einzelunternehmen und ein Gewerbe angemeldet. Ob Sie als sogenannter freier Beruf anerkannt werden, müssen **Sie** abklären. Es kommt auch hier wieder darauf an, was Sie als Berater anbieten wollen – möchten Sie nur beraten oder auch verkaufen?

- **Das Einzelunternehmen ist die einfachste Unternehmensform.**

Wer allein ohne Beteiligung anderer Personen selbstständig tätig ist und für seine Tätigkeit auch keine Kapitalgesellschaft (z. B. Ein-Mann-GmbH) gründet, ist ein **Einzelunternehmer**.

Für Einzelunternehmen bestehen keine besonderen Rechtsvorschriften, vielmehr gelten die allgemeinen Regeln des Handelsgesetzbuchs (HGB).

Höchstwahrscheinlich werden Sie sich mit Ihrem Unternehmen in einem überschaubaren Rahmen bewegen und dasselbe ohne großen logistischen Aufwand betreiben können. Demzufolge sind Sie nicht verpflichtet, Ihre Firma ins Handelsregister einzutragen (§ 2 HGB).

Ihre Finanzierungsmöglichkeiten beschränken sich auf die Aufnahme von Krediten. Die Gewinne unterliegen der Einkommensteuer und gegebenenfalls der Gewerbesteuer. Geschäfte dürfen Sie nur unter Ihrem Namen abschließen, das heißt, Sie können sich keine Firmenbezeichnung zulegen.

- **Mini-GmbH (Kapitalgesellschaft) (§ 41d KostO)**

Die »Mini-GmbH« oder »Ein-Euro-GmbH« heißt eigentlich Unternehmergesellschaft (mit beschränkter Haftung) und wurde als existenzgründerfreundliche Variante der herkömmlichen GmbH eingeführt (§ 5a GmbHG). Das GmbH-Gesetz lässt damit zu, dass eine Unternehmergesellschaft (UG) (haftungsbeschränkt) mit einem Mindestkapital von 1 Euro gegründet werden kann. Die Anmeldung einer solchen Gesellschaft zum Handelsregister kann erst dann erfolgen, wenn das Stammkapital in voller Höhe eingezahlt ist. Sacheinlagen sind bei der UG (haftungsbeschränkt) unzulässig. Ein Viertel des Jahresüberschusses muss in eine Rücklage eingestellt werden. Dadurch soll gewährleistet werden, dass eine mit einem sehr geringen Stammkapital gegründete UG (haftungsbeschränkt) eine höhere Eigenkapitalausstattung erreicht. Im Rechtsverkehr darf die Unternehmergesellschaft lediglich mit dem Rechtsformzusatz »Unternehmergesellschaft (haftungsbeschränkt)« oder »UG (haftungsbeschränkt)« auftreten. Eine Abkürzung des Zusatzes »haftungsbeschränkt« ist nicht zulässig. Eine notarielle Beurkundung der UG (haftungsbeschränkt) ist erforderlich, verursacht allerdings beim vereinfachten Verfahren mit höchstens drei Gesellschaftern nur Notarkosten von 20 Euro (statt 300 Euro bei der GmbH), sofern man das Musterprotokoll gemäß Anlage zum GmbH-Gesetz verwendet (§ 41d KostO). Hinzu kommen die Kosten für die Eintragung beim Handelsregister sowie die Kosten für die zwingend vorgeschriebene Bekanntmachung.

Zur Situation des Feng-Shui-Beratermarktes

Interessant ist eine im März 2011 durchgeführte Umfrage nach der Art der Berufsausübung durch den Feng Shui Verband.

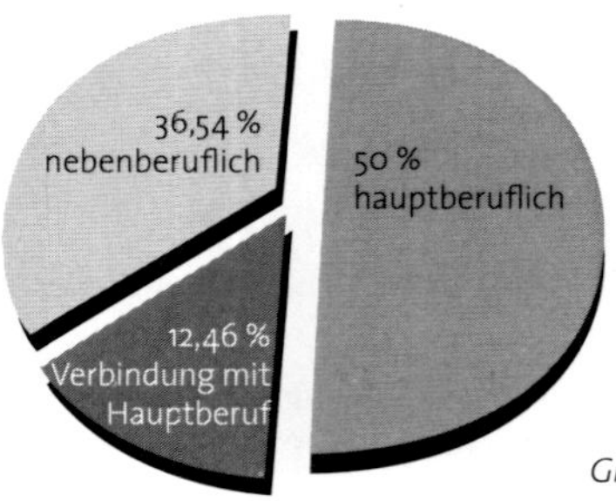

Grafik: Feng-Shui-Verband

Hier ergaben sich folgende Antworten:

50 %	der Befragten arbeiten hauptberuflich als Feng-Shui–Berater.
36,54 %	arbeiten nebenberuflich als Feng-Shui-Berater.
12,46 %	verbinden ihren Hauptberuf mit Feng-Shui.

▪ Die nebenberufliche Selbstständigkeit der kleine Umweg auf dem Weg in die Selbstständigkeit

Generell wird eine nebenberufliche Tätigkeit mit maximal 15 Stunden pro Woche definiert. Das sollten Sie, auch im Hinblick auf die Sozialversicherungen, beachten.

Die Vorteile:

Das geringere Risiko

Während ein »Vollzeitunternehmer« von seiner Tätigkeit leben muss, hat man als nebenberuflicher Gründer diesen Zwang nicht. Es nimmt den Druck und man kann den Aufbau der eigenen Firma entspannt angehen.

Know-how

Man lernt eine Menge in der Praxis – egal, ob es um fachbezogene Themen oder um kaufmännische Tätigkeiten geht.

Kunden

Man kann sich auch hier entspannen und darauf konzentrieren, die geeignete Zielgruppe sowie potenzielle Kunden zu finden und Kontakte zu knüpfen.

Referenzen

Die ersten Referenzen kann man sich auf diese Weise auch verschaffen. Das wiederum gestaltet es später einfacher, neue Kunden zu finden.

Finanzielles Polster schaffen

Wenn man mit Haupt- und Nebenjob Geld verdient, sollte man das noch eine ganze Weile beibehalten. Bitte geben Sie das Geld nicht aus, sondern legen sich ein Polster für die späteren Ausgaben zurück.

Die möglichen Nachteile:

Die Freizeit

Das muss klar sein: Wo früher nach dem Hauptjob die Freizeit kam, muss jetzt gearbeitet werden – oft abends und am Wochenende.

Der Hauptjob

Dieser darf, bei aller Begeisterung für Feng-Shui, natürlich nicht leiden.

Die Gewerbeanmeldung

Es gelten die gleichen Regelungen wie bei der hauptberuflichen Selbstständigkeit. Wenn Sie sich als Kleinunternehmer anmelden, darf Ihr Umsatz im Jahr nicht mehr als 17.500 Euro betragen. (Stand: August 2011)

Umsatzsteuer

Diese wird nur fällig, wenn Sie mehr als 17.500 Euro Vorjahresumsatz hatten.

Gewerbesteuer

Diese wird ab 24.500 Euro Gewinn fällig, was bei einem Nebenjob selten der Fall sein wird.

Einkommensteuer

Sie müssen die Gewinne Ihrer nebenberuflichen Selbstständigkeit versteuern, wenn diese mehr als 410 Euro im Jahr betragen. Dazu erstellen Sie eine Einnahmen-Überschuss-Rechnung und geben die Anlage GSE beim Finanzamt mit ab.

Krankenversicherung

Solange die Selbstständigkeit nebenberuflich ausgeführt wird, benötigt man keine eigene Krankenversicherung. Ferner erhöht die nebenberufliche Tätigkeit auch nicht die Krankenkassenbeiträge, die man für den Hauptjob bezahlt.

Rentenversicherung

Gleiches gilt grundsätzlich auch bei der Rentenversicherung. **Man muss die Sozialversicherung im Übrigen über die Aufnahme einer nebenberuflichen Tätigkeit informieren!**

3.2.7 Formalitäten

Alle Formen der Selbstständigkeit, abgesehen von den freien Berufen (Ärzte, Rechtsanwälte, Steuerberater etc.), sind beim **örtlichen Gewerbeamt (Gemeinde oder Landkreis) anzumelden**.

Notwendig hierzu ist ein Personalausweis und je nach Stadt 10 bis 30 Euro. Mit der Anzeige beim Gewerbeamt werden dann automatisch weitere Behörden informiert, u. a.:

das Finanzamt,
die Berufsgenossenschaft,
die Industrie- und Handelskammer.

▪ Das Finanzamt

Nach der Anmeldung werden Sie vom Finanzamt Post erhalten. Auf einem Fragebogen müssen Sie verschiedene Fragen zu künftigen Umsätzen und Gewinnen beantworten. Gehen Sie bei der Berechnung dieser **Schätzwerte eher vorsichtig** vor, da hiervon zunächst die Höhe Ihrer Einkommen- und Gewerbesteuer abhängt. Das Finanzamt teilt Ihnen dann eine Einkommensteuernummer und eine sogenannte Umsatzsteueridentifikations-Nummer zu.

▪ Industrie- und Handelskammer (IHK)

Auch die IHK wird durch das Gewerbeamt über die Aufnahme Ihrer selbstständigen Tätigkeit informiert. Das sogenannte Kleinunternehmerförderungsgesetz führt dazu aus, dass Sie zwar die Leistungen der Kammern, wie z. B. Existenzgründungs-, Rechts- und Messeberatung, in Anspruch nehmen können, jedoch in der Regel erst nach zwei Jahren Vollmitglied in den Kammern werden.

▪ Versorgungsunternehmen

Sollten Sie für Ihr neues Unternehmen Büroräume angemietet haben, sollten Sie mit den **zuständigen Versorgungsunternehmen** (z. B. Stadtwerke, Elektrizitätswerke usw.) Lieferverträge für Wasser, Strom, Gas usw. abschließen. Gleiches gilt für die

Entsorgung (etwa Abwasser und Müllbeseitigung). Diese Einrichtungen werden leider nicht automatisch durch das Gewerbeamt informiert.

3.2.8 Das Gespräch mit der Bank

Ich kenne Ihre persönlichen Verhältnisse natürlich nicht, deshalb kann ich auch nicht wissen, ob Sie für die Gründung oder Erweiterung Ihres Unternehmens einen Kredit aufnehmen wollen. Sollte dies der Fall sein, benötigen Sie Folgendes:

- **die Zusammenstellung Ihres Finanzbedarfs,**
- **eine Rentabilitätsvorschau,**
- **eine Übersicht über Ihre Finanzquellen und Ihre Sicherheiten.**

Wichtig ist vor allem Ihre

persönliche Kreditwürdigkeit.

Neben Ihrer persönlichen Zuverlässigkeit, die aufgrund Ihrer bisherigen Bankbeziehungen bewertet wird, spielen Ihre fachlichen und kaufmännischen Fähigkeiten eine zentrale Rolle. Diese ist gegeben, wenn Sie aufgrund Ihrer Zuverlässigkeit und Ihrer beruflichen Qualifikation sowie Ihrer unternehmerischen Fähigkeiten Vertrauen verdienen. **Lediglich ein qualifizierter Unternehmer ist auch ein guter Kreditnehmer.** Die Kenntnis der eigenen finanziellen Grenzen und der aktuellen Bankkonditionen gehört ebenfalls dazu. Sie sollten bei einem Gespräch mit der Bank unsere Branche sachkundig beurteilen können und auf Fragen nach Problemen sowie künftigen Entwicklungschancen eine gute Antwort parat haben.

Materielle Kreditwürdigkeit

Ihre Bonität bzw. Kreditwürdigkeit wird zukünftig stärker durch ein standardisiertes und objektiviertes Rating überprüft. Die Prüfung Ihrer Kapitaldienstfähigkeit bildet für die Bank das Kernstück jeder Kreditbeurteilung. Hier entscheidet nicht nur Ihr Betriebsergebnis, sondern vor allem der sogenannte Cashflow. Zur Ermittlung der Kapitaldienstgrenze werden vom Cashflow die Einkommensteuerbelastung, die Sonderausgaben sowie Privatentnahmen für die eigene Lebensführung abgezogen.

Erforderliche Unterlagen

Gehen Sie gut vorbereitet in das Gespräch. Umso vollständiger die Unterlagen sind, desto schneller kann die Bank ihre Entscheidung treffen.

Folgende Unterlagen sollten Sie einreichen und bereithalten:

- Businessplan mit Plandaten für Umsatz, Liquidität und Investitionen.
- Mögliche Sicherheiten.
- Eigengeldnachweis: Eine Aufstellung über Ihr Privatvermögen und über Ihre privaten Schulden, sofern Ihre Bank eine Grundschuld als Kreditsicherung verlangt.
- Zusage zur Einholung einer Bankauskunft, sofern Sie eine neue Bankbeziehung beginnen.

Auf folgende Fragen sollten Sie eine gute Antwort parat haben. Denn auch die Bank möchte Folgendes wissen: **»Wo geht Ihre Reise hin?«**

- Was ist Gegenstand Ihres Beratungsunternehmens?
- Möchten Sie damit eine Marktlücke besetzen?
- Wie heben Sie sich von Ihren Mitbewerbern ab?
- Wie sieht der Markt für Feng-Shui-Berater insgesamt aus?
- Warum haben Sie sich für Ihren Standort entschieden?
- In welcher Höhe müssen Sie investieren?
- Wie hoch ist Ihr Kapitalbedarf für Ihre Investitionen?
- Wie hoch werden die laufenden Kosten sein?
- Wie finanzieren Sie diese Investitionen?
- Welche Eigenmittel stehen Ihnen zur Verfügung?
- An welche Bankkredite haben Sie gedacht?
- Welche Sicherheiten stehen Ihnen zur Verfügung?
- Mit welchen Umsätzen und Erträgen rechnen Sie?
- Können Sie Zinsen und Tilgungen leisten?

3.2.9 Versicherungen für Ihr Unternehmen und für Sie privat

Sie können sich natürlich gegen alles und jeden versichern. Doch so manche Versicherung ist überflüssig oder zu teuer. Vermeiden Sie Doppelversicherungen. Am besten führen Sie mit **einem kompetenten Berater** bereits im Vorfeld Ihrer Existenzgründung eine Risikoanalyse durch, um festzustellen, welche Versicherung für Ihren Fall Sinn macht und welche nicht. Viele Gesellschaften haben **speziell für Existenzgründer Versicherungspakete** entwickelt. Nachfolgend finden Sie einen ersten Überblick über Risiko und Vorsorgemöglichkeiten der **mir bekannten, notwendigen** Versicherungsarten (ohne Anspruch auf Vollständigkeit):

Die Betriebshaftpflichtversicherung:

Stellen Sie sich vor, Sie sind beim Kunden und werfen aus Versehen die teure Ming-Vase im Wert von 5.000 Euro um. Gut, wenn Sie eine Betriebshaftpflichtversicherung haben. Sie zahlt bei berechtigten Ansprüchen und schützt vor überhöhten oder unberechtigten Ansprüchen Dritter. Wer auf diese Police verzichtet, spart am falschen Ende. Denn Haftpflichtschäden sind nicht kalkulierbar. Denken Sie an eine entsprechende Deckungssumme.

Die Kfz-Haftpflichtversicherung

Wählen Sie bei der Kfz-Haftpflichtpolice für das Firmenauto stets die »unbegrenzte« Deckung. Sachschäden werden dann unbegrenzt und Personenschäden bis zu 4 Millionen Euro bezahlt. Der Mehrbeitrag dafür ist gering. Für Firmenwagen sollte zusätzlich eine Teilkasko (gegen Diebstahl, Feuer, Blitzschlag, Haarwild, Glasbruch) abgeschlossen werden, für neuere hochwertige Fahrzeuge eine Vollkaskopolice. Sie lohnt sich bis längstens drei Jahre nach dem Autokauf. Bei Leasing- und kreditfinanzierten Autos ist die Vollkaskopolice sowieso vorgeschrieben.

Weniger wichtig ist die **Firmenrechtsschutzversicherung**. Sie deckt nur noch Streitigkeiten vor Sozial- und Arbeitsgerichten, Kosten für ein Verfahren zur Durchsetzung von Schadensersatzansprüchen aufgrund gesetzlicher Haftpflichtbestimmungen und Kosten für Straf- und Ordnungswidrigkeitsverfahren. **Empfehlenswert** ist dagegen ist die **Verkehrsrechtsschutzversicherung**, die einen Schadensersatz-, einen Strafrechtsschutz und zusätzlich einen Führerschein- sowie einen Kraftfahrzeugvertragsrechtsschutz enthält.

Wichtig kann eine **Miet-Rechtsschutzversicherung** für ver- oder gemietete Räumlichkeiten sein. Dieser Rechtsschutz für Grundstückseigentum und Miete bezieht sich auf mögliche Streitigkeiten, die sich aus dem Mietverhältnis ergeben können.

Private Absicherung

Die bisher genannten Versicherungen beziehen sich **ausschließlich auf den geschäftlichen Bereich**. Gerade als Selbstständiger sollten Sie im Bereich Ihrer persönlichen Arbeitskraft kritisch prüfen, inwieweit bestimmte Risiken Ihre Aktivitäten einschränken könnten.

Eine **Krankenversicherung** ist natürlich unumgänglich, unabhängig davon, ob es eine private oder eine gesetzliche Versicherung ist. Darüber hinaus gilt es aber auch, **Vorsorge für später** zu treffen, und je früher Sie damit beginnen, umso besser. Ein Wort zum Thema »Familie«: Sollten andere Personen von Ihrer Arbeitskraft abhängig sein, dann sollten Sie ergänzend eine **Risikolebensversicherung** zur Hinterbliebenenversorgung abschließen.

> ▶ **Mein Tipp:**
> Überprüfen Sie Ihre Unternehmensrisiken mindestens 1 x im Jahr!

Ich bin kein Versicherungsmakler, deshalb bitte – fragen Sie den Experten!!!

4. Netzwerken – »Weil Kontakte Kapital sind.«

Ich würde von mir selbst sagen: »Ja, ich bin eine begeisterte Netzwerkerin.« Vor drei Jahren (Stand: Juni 2011) bin ich nach Baden-Baden gezogen, und alle Kontakte, die sich seither hier ergeben haben, sind durch Netzwerken entstanden. Oft hat sich aus einem simplen Gespräch beim örtlichen XING-Präsenz-Treffen ein neuer Auftrag ergeben, oder ich habe durch Empfehlungen meine neue Wohnung und meinen Seminar-Veranstaltungsort gefunden. Deshalb wage ich es, einfach Folgendes behaupten: Ohne Kontakte gibt es keine erfolgreiche Selbstständigkeit. Denn von alleine kommen weder Kunden noch Geschäftspartner. Aus diesem Grund sollte man alle Möglichkeiten nutzen, um andere Menschen kennenzulernen. Ihnen fällt das nicht leicht? Ist es auch nicht. Vor allem wenn man sich zum ersten Mal einer Gruppe fremder Menschen gegenübersieht, die sich häufig schon länger kennen und angeregt miteinander plaudern. Mit den folgenden Tipps der bekannten Businessetikette-Trainerin Petra Kirst[3] lässt sich diese Hürde schnell nehmen und Sie werden garantiert Spaß am Netzwerken finden.

Mit Knigge Netzwerken leicht gemacht

Wer netzwerkt, baut zielgerichtet Beziehungen auf und aus. Je größer das Netz, desto größer der Effekt. Karriereförderlich sind diese Beziehungen aber nur, wenn die Kontakte nicht aus demselben Umfeld, Beruf oder Interessenbereich stammen. Sonst erzeugen sie nur *Echos*, wie Brian Uzzi, Professor

3 Kontaktdaten im Anhang.

an der Kellogg School of Management in Evanston, Illinois (USA) in seiner Netzwerk-Studie beschrieb. Erst durch die unterschiedlichen Sichtweisen und Sozialgruppen erweitert sich der eigene Wirkungsradius.

Wie jedoch wird man zum perfekten Netzwerker? Welches sind die wichtigsten Knigge-Regeln und die größten Fehler?

Grundfragen der Bekleidung: Wo gehe ich hin? Warum bin ich dort? Wen werde ich dort treffen? Was will ich erreichen? Gute Produkte verkaufen sich in entsprechender Verpackung besser!

Seien Sie authentisch. Schluss mit den Floskeln! Niemand mag Aufschneider.

Nehmen Sie genug Visitenkarten mit. Erfahrungsgemäß gehen diese schneller weg als erwartet.

Werfen Sie einen Blick auf die Teilnehmerliste. So können Sie sich gut vorbereiten und überlegen, wen Sie kennenlernen möchten.

Kommen Sie frühzeitig. Denn zu Beginn einer Veranstaltung sind noch nicht so viele Leute da, die Atmosphäre ist familiärer und Sie finden schnelleren Zugang zu anderen.

Stellen Sie sich nahe zum Eingang, zum Buffet oder zur Toilette. Denn hier kommt im Laufe der Veranstaltung garantiert jeder einmal vorbei.

Suchen Sie sich Einsame. Wer einsam herumsteht, ist meist dankbar für ein gutes Gespräch.

Bleiben Sie in Bewegung. Suchen Sie sich offene Plätze an Stehtischen – je häufiger Sie den Platz wechseln, desto aktiver erscheinen Sie und umso größer ist die Chance, interessante Menschen kennenzulernen. **Haben Sie ein Ziel.** Wenn Sie schon durch den Raum schreiten, sehen Sie bitte immer so aus, als hätten Sie ein Ziel – entweder eine Gruppe am anderen Ende des Saals oder die Bar.

Wer grüßt wen? Der Gastgeber die Gäste, der Rangniedere den Ranghöheren, der Einzelne die Gruppe.

Richtig vorstellen. Stellen Sie sich möglichst zuerst und mit vollem Vor- und Nachnamen vor. Schön wäre ein guter erster Satz, der neugierig macht und Sie charakterisiert. Langweilen ist verboten!

Visitenkarten: Visitenkarten nicht ungelesen in eine Tasche stecken, sondern zuvor aufmerksam lesen (wie ein wertvolles Geschenk behandeln!).

Korrekte Anrede: z. B. Herr Prof. Dr. Michael Laut = Herr Prof. Laut; Frau Gräfin Irene von Sommer = Gräfin Sommer.

Im Notfall sollten Sie fragen, wie die Person angesprochen werden möchte.

Lächeln Sie! Das macht Sie sofort sympathisch und ist nachweislich der leichteste und beste Einstieg, um jemanden kennenzulernen.

Stehen Sie aufrecht, lassen Sie sich nicht hängen! Der optimale Stand: Beine hüftbreit, eventuelle leichte Schrittstellung und fest auf dem Boden (Schultern gerade, Kopf aufrecht).

Behalten Sie Blickkontakt. Dies gilt besonders dann, wenn Sie mit einer Person ein Gespräch führen. Alles andere wirkt desinteressiert oder unsicher.

Lehnen Sie sich vor. Auch das signalisiert Interesse.

Beachten Sie Distanzzonen. Rücken Sie keinem auf die Pelle.

Tabus beim Small Talk: Krankengeschichten, Religion, Politik, Sport, Familienstand, berufliche Fachfragen, Klatsch und Tratsch.

Suchen Sie Gemeinsamkeiten. Aus der Sympathieforschung weiß man heute, dass wir jemanden, der uns ähnlich ist, der dieselben Gefühle teilt und uns versteht, sofort sympathisch finden.

Stellen Sie offene Fragen: z. B.: »Wie finden Sie diesen Event?« So bekommen Sie mehr Informationen und halten die Konversation am Laufen.

Stellen Sie viele Fragen. Es ist ganz simpel: Umso mehr Sie fragen, desto mehr bringen Sie den anderen dazu, über sich zu erzählen. Effekt: Ihr Gegenüber erinnert sich an Sie als interessierten Zuhörer und an einen angenehmen Abend. Tatsächlich empfinden die meisten Menschen ein Gespräch dann als gut, wenn sie die meiste Zeit selbst (und über sich) gesprochen haben. Vorteil Nummer 2: Wer zuhört, lernt vielleicht sogar etwas Neues.

Erst geben, dann nehmen. Der beste Einstieg sind berufliche Gemeinsamkeiten und der Austausch von Wissen – und zwar ohne eine Gegenleistung zu erwarten. Auch mit Ratschlägen sollten andere nur versorgt werden, wenn sie explizit fragen.

Halten Sie Ihre Versprechen. Seien Sie vorsichtig mit Zusagen wie z. B. »Ich rufe Sie morgen an!«, dann rufen Sie denjenigen auch am nächsten Tag an. Und wenn Sie sagen: »Ich werde mich mal umhören«, dann tun Sie das bitte auch und melden sich auch dann zurück, wenn nichts dabei herausgekommen ist. Bei solchen Versprechen geht es um mehr als einen Gefallen. Ihre Vertrauenswürdigkeit wird daran gemessen!

Haken Sie immer nach. Jeden neuen Kontakt sollte man binnen drei Tagen noch einmal kontaktieren – per E-Mail, Brief oder Telefon. Sagen Sie demjenigen, wie sehr Sie sich gefreut haben, ihn kennengelernt zu haben, dass Sie sich an das Gespräch angenehm erinnern und sich über ein baldiges Wiedersehen freuen würden. Ideal ist es natürlich, wenn Sie dies zugleich zur Vertiefung gemeinsam angedachter Projekte nutzen.

Ich bin dann mal weg ...

Ziehen Sie sich elegant zurück. Es wird vorkommen, dass Sie auch mal Leute treffen, mit denen Sie vielleicht doch nichts zu

tun haben wollen. Auch in diesem Fall sollten Sie sich mindestens höflich aus der Affäre stehlen, etwa folgendermaßen: **Entschuldigen** Sie sich, dass Sie gerne auch noch mit anderen Gästen plaudern würden. Natürlich nicht gleich nach den ersten 30 Sekunden. Verzichten Sie auf eine Begründung, die wirkt immer wie ein Schuldbekenntnis. Besser: Nennen Sie einen konkreten Namen der Person, mit der Sie noch reden möchten.
Stellen Sie Ihrem Gegenüber einen alternativen Gesprächspartner vor und machen beide miteinander bekannt. Idealerweise jemanden, von dem Sie wissen, dass er mit Ihrem bisherigen Gesprächspartner harmoniert und die gleichen Interessen teilt.

Zirkulieren. Wenn nichts davon klappt, hilft entwaffnende Ehrlichkeit. Suchen Sie nicht länger Worte, sondern das Weite. Prosten Sie Ihrem Gegenüber zu und sagen Sie: »Ich glaube, es wird von uns erwartet, dass wir auf dieser Party zirkulieren.« Und tschüss ...

Tabus beim Netzwerken:

Nur verkaufen. Machen Sie bloß nicht den Fehler, bei Netzwerktreffen Ihre Produkte, Dienstleistungen oder Seminare verkaufen zu wollen. Das ist eine Todsünde. Hier geht es allein um Kontakte und um Menschen.

Zu spät anfangen. Das Netzwerk muss stehen, bevor Sie es brauchen. Sich um Kontakte zu bemühen, wenn man sie dringend braucht, funktioniert nie. Zuerst kommt das Geben, dann das Nehmen.

Einseitiges Absaugen von Informationen. Dazu neigen besonders Anfänger: Sobald sie vom Wissen oder der Hilfe eines anderen profitiert haben, drehen sie sich auf dem Absatz um und gehen. Wer so handelt, beweist nicht nur soziale Inkompetenz, er schlägt auch eine eventuell wichtige Tür zu.

Klasse statt Masse. Ein Netzwerk ist nur so wertvoll wie seine Mitglieder. Wen man in seinen privaten Zirkel aufnimmt, sollte von den Zielen abhängen, nicht von der Statistik.

Visitenkarten nie verteilen wie Spielkarten.

Kleine Notizen machen. Je stärker Ihr Beziehungsgefüge wächst, desto eher laufen Sie Gefahr, den Überblick zu verlieren. Dem können Sie mit regelmäßigen Notizen vorbeugen – etwa wann man sich zuletzt sah, was der Anlass war, Gemeinsamkeiten usw.

Was ich nicht empfehlen kann, ist das **»Ich bin überall dabei«**-Syndrom, das bei manchen Selbstständigen an der Tagesordnung ist. Ich frage mich, wo diese Menschen die Zeit dazu hernehmen!

Feng-Shui-Berater sollten meiner Meinung nach unbedingt etablierte, soziale Netzwerke für ihre Marketingaktivitäten nutzen. Hier ist eine leichte Kontaktaufnahme möglich.

▶ **Mein Tipp:**
Überlegen Sie Sie sich aus zeitlichen und monetären Gründen gut, wo Sie sich anmelden – es kommt schnell zu Überschneidungen – in jeder Hinsicht!

▪ Welches Netzwerk passt zu mir?

Zuerst sollten Sie einmal überlegen, welches Netz um Sie bereits gesponnen ist. Da ist einmal natürlich die eigene Familie, Verwandtschaft, der engere Freundeskreis. Wenn Ihnen von dieser Seite nicht, wie eingangs beschrieben, totales Unverständnis entgegenschlägt, so ist dies ein wunderbarer Einstieg. **Die ersten Beratungen und Erklärungen** – oft noch kostenlos – können hier erfolgen. Häufig kommt es durch Empfehlungen aus diesen Kreisen zu den ersten zahlenden Kunden. Welchen Vereinen oder Clubs gehören Sie an? Auch dies erweist sich als gutes Terrain, um sich als Feng-Shui-Berater bekannt zu machen. Diese ersten Beratungen geben Ihnen auch oftmals noch einmal den entscheidenden Kick, wo Sie mit Ihrer persönlichen Einzigartigkeit stehen. Die Zahl der Gruppen, Verbände und Vereine an Ihrem Wohnort ist sicher unendlich groß. Wenn Sie sich entscheiden, irgendwo Mitglied zu werden, um an den Kundenkreis zu kommen, den Sie möchten, müssen Sie ausprobieren, was zu Ihnen und Ihrem Thema passt. Opfern Sie Ihre Zeit und gehen Sie ein paar Mal zu Treffen, um dann zu entscheiden: **»Trete ich bei oder nicht?«** Wichtig ist einfach die Frage, wo Sie mit Ihrer beruflichen Ausrichtung hin wollen. Haben Sie einen handwerklichen Hintergrund, passen sicher die Innungen oder Unternehmerfrauen im Handwerk gut. Etwas exklusivere Vereine wie Rotary, Round Table und Lions sind natürlich eine gute Möglichkeit, Kooperationen und Synergien zu schaffen, nehmen aber nicht jeden auf. Die Wirtschaftsjunioren bieten eine gute Möglichkeit, weil hier ein schöner Querschnitt der Berufssparten vorhanden ist. Andere Gruppierungen, wie z. B. der BNI®, sind nicht jedermanns Sache. Ich persönlich hasse es, wenn Businesstreffen einmal die Woche morgens um 7.00 Uhr stattfinden und ich da unbedingt **hingehen muss**. Dazu bin ich viel zu sehr Morgenmuffel. Aber jedem das Seine, und zum Netzwerken ist es sicher nicht schlecht.

Interessant für Frauen: In den vergangenen Jahren haben sich neben dem VdU (Verein deutscher Unternehmerinnen) viele sogenannte Frauen-Netzwerke etabliert. Vor allem die Vielfalt der Berufe macht das Frauen-Netzwerk für Gründerinnen interessant. Hierdurch entstehen zahlreiche Projekte, Kooperationen und Synergien. Besonderen Wert legen Frauen-Netzwerke auf Persönlichkeitsentwicklung, Selbstmarketing und Karriereplanung. Es gibt ca. 80 Frauen-Netzwerke in Deutschland (Stand: August 2011). Im Anhang des Buches finden Sie die Verweise auf einige mir bekannte und die dazugehörigen Internetseiten.

- **Kooperation als Chance.**

Die meisten Netzwerke sind eher lockere Organisationsformen.

Kooperationen hingegen setzen auf einen engeren Verbund von Unternehmen, und ich bin mir sicher: auch in Ihrem Umfeld gibt es einige. Oft sind es **Zusammenschlüsse von Handwerksbetrieben**, die auf diese Weise höherwertige und komplexere Dienste für Ihre Kunden anbieten. Für einen kompetenten Feng-Shui-Berater ist dies eine gute Möglichkeit, durch Empfehlung an die ersten Kunden zu kommen. Häufig sind die Handwerksbetriebe selbst eine dankbare Klientel und empfehlen dann gerne weiter. Zusammen sind größere Messeauftritte erschwinglich und ein offensiverer Auftritt am Markt durchsetzbar.

Eine Möglichkeit, sich mit anderen Beraterkollegen auszutauschen, gibt es bei den Berufsverbänden. Meines Wissens gibt es im Moment davon zwei in Deutschland:

- **Berufsverbände für Feng-Shui-Berater und Geomanten.**

Ich zitiere wörtlich von der Internetseite des **Berufsverbandes für Feng Shui und Geomantie e. V.**:

Mitgliederzahl 262 (Stand: August 2011 – lt. Internetseite).

Ziele und Angebote des Verbandes:

- die Förderung eines neuen europäischen Berufsstandes,
- Vernetzung qualifizierter Berater,
- Erstellung sachgemäßer Publikationen,
- aufklärende Öffentlichkeitsarbeit beim Verbraucher,
- komplexe Unterstützung für den Berater bis hin zum Anwender,
- Beraterverzeichnis,
- Verzeichnis für Aus- und Weiterbildung,
- Information über Fachseminare, Konferenzen und Veranstalter.

Den Europäischen Feng Shui und Geomantie Berufsverband EFGB zitiere ich ebenso:

Mitgliederzahl: 156 (im August 2011 – lt. Internetseite).

Ziele des EFGB sind in erster Linie die Weiterentwicklung und Anerkennung des Berufszweiges der (Lebens-)Raum-, Feng-Shui- und Geomantie-Berater und angrenzender Berufsfelder.

Zur Unterstützung und Professionalisierung werden Richtlinien und Empfehlungen für die berufliche Tätigkeit entwickelt. Auch hier ist wieder der Blick über den Tellerrand (die Ländergrenzen) wichtig und bereichernd. Leitbild ist hier die Förderung der Vielfalt bei gleichzeitiger Qualitätssteigerung.

5. Social Media – »Es geht nicht mehr ohne.«

> *»Wenn du Kunden im wahren Leben verärgerst, mag jeder von ihnen das 6 Freunden mitteilen. Wenn du Kunden im Internet unglücklich machst, können sie es 6.000 Freunden mitteilen.«* (Jeff Bezos, CEO von Amazon.com)

Ohne Facebook-Fanpage, Twitter-Account oder/und XING-Profil geht meiner Meinung nach in der modernen Unternehmenskommunikation nichts mehr. Ich hatte auf den vorherigen Seiten von den 52 Mio. Internetnutzern gesprochen. **76 % davon sind in Social Media unterwegs!** Da es zu diesem Thema teilweise zu endlosen Diskussionen kommt, will ich hier von mir und meinen Erfahrungen berichten und die meiner Meinung nach wichtigsten Social-Media-Tools vorstellen. Wie bei allen Marketingmaßnahmen muss jeder letztendlich selbst entscheiden, ob er Zeit und Geld investieren will. Nur eines sollte man nicht – **es nur halb machen.**

▪ Was bedeutet der Begriff »Social Media«?

Social Media ist ein dauerndes virtuelles Geben und Nehmen, wie der Name **Social** bereits sagt. Es ist fast wie im richtigen Leben. Und es läuft ganz ähnlich ab: Stellen Sie sich vor, Sie befinden sich bei einer Fortbildung oder auf einer Messe. Um diese Fortbildung oder diese spezielle Messe zu besuchen und sich darüber zu informieren, haben Sie vorher recherchiert. Wahrscheinlich im Internet. Nun stehen Sie erwartungsvoll in der Eingangshalle und treffen dort verschiedene Kollegen. Wie gehen Sie vor? Normalerweise werden Sie sich als Neuankömmling zunächst einmal zu einer Gruppe begeben, sich vorstellen und zuhören – und wenn Sie dann einen interessanten Kommentar anbringen können, dann werden Sie das sicher tun. **Im**

Social Web funktioniert das genauso. Zunächst beobachten Sie, wo andere über **Ihr Thema reden**. Dann können Sie dort Ihre Kommentare abgeben. Sie preisen dort aber zuerst nicht Ihre besondere Dienstleistung an à la: »Ich hab da aber was Tolles, das ist viel besser!« Das würden Sie im richtigen Leben sicher auch nicht tun. Nein, Sie reden und diskutieren mit über das Thema. **Es steht schlicht die Kommunikation im Fokus!** Wie bei realen Treffen geht es um Kommunikationsfähigkeit, Themenkompetenz und Kontaktfreudigkeit. Ein guter Spruch bringt es auf den Punkt: ***»Wer in der realen Welt nichts zu sagen hat, schafft das auch in den Social Media nicht.«***

Besonders spannend finde ich folgenden Aspekt: Im Gegensatz zur traditionellen Marketingkommunikation durch Agenturen, die für Sie einen guten Slogan suchen, **bietet das sogenannte Web 2.0 eine 1:1-Kommunikation von Ihnen als Unternehmer mit Ihren potenziellen Kunden.**

Laut Wikipedia stehen im Mittelpunkt des Social-Media-Marketings für gewöhnlich drei Bemühungen:

1. **Aufmerksamkeit für die Marke bzw. das Produkt erzeugen,**
2. **Generierung von Online-Unterhaltungen zu Marken- und Unternehmensinhalten,**
3. **Animierung der Nutzer zum Teilen von Unternehmensinhalten mit ihrem Netzwerk.**

Social-Media-Marketing kann u. a. bei der Erreichung folgender Ziele helfen:

- **Aufbau und Pflege Ihres positiven Markenimages,**
- **Steigerung Ihrer Markenbekanntheit,**
- **Verbesserung der Besucherzahlen Ihrer Webseite,**
- **Kundenakquise.**

Da es die sozialen Medien erlauben, mit anderen nicht nur zu kommunizieren, **sondern auch zu interagieren**, kann Ihnen Social-Media-Marketing dabei helfen, potenzielle Kunden schnell zu erreichen. Und das macht es für uns Berater – auch auf dem »flachen Land« – so spannend!

Geglückt ist Ihnen ein gutes Social-Media-Marketing dann, wenn von Ihnen geschriebene (gepostete) Informationen von Ihnen weitergegeben und im Netz verteilt werden. Das stärkt einmal Ihre Position als Experte, steigert Ihren Bekanntheitsgrad und wird nachhaltig vom Nutzer, also auch einem potenziellen Kunden sehr positiv wahrgenommen.

- **Plattformen und Strategien**

Die sogenannten »Plattformen« im Web:

Beispiele für Social-Media-Plattformen sind u. a.:

- Facebook,
- LinkedIn,
- Twitter,
- XING,
- Google Plus,
- YouTube,
- MySpace.

Strategien

Bei Ihren Marketingkampagnen in den Social Media kommen wahrscheinlich am ehesten die folgenden Strategien zum Einsatz:

- Sie bauen eine eigene Community auf, beispielsweise durch einen Blog oder ein Forum.
- Sie können andere beobachten und analysieren – das nennt man »Social Media Monitoring«.
- Sie bauen sich eine gute Reputation als Experte auf – potenzielle Kunden vertrauen Ihnen von vorneherein.
- Sie können im Internet so werben, dass es nicht nach Werbung aussieht. Gut gemacht, wird sie schnell durch andere weiterverbreitet, was als »virales« Marketing bezeichnet wird.
- Sie sammeln Informationen und Wissen.
- Sie treten mit potenziellen Kunden in Kontakt.

Wenn ich Kollegen frage, aus welchen Gründen sie diese Tools und Plattformen noch nicht für sich nutzen, bekomme ich stets die gleichen Antworten:

- **Ich kenne das nicht.**
- **Ich mag das nicht**
- **Man hört im Fernsehen so viel Negatives (s. Mega-Geburtstagspartys).**
- **Ich bin dann ein »gläserner Mensch«.**
- **Dann bin ich verpflichtet, jeden Tag zu schreiben.**
- **Ich mag mit dem Computer nicht wirklich arbeiten.**
- **Ich mag weder lesen noch schreiben, dass ich gerade einkaufen bin oder im Café sitze.**

Meiner Meinung nach wäre es schade, darauf zu verzichten. Die bekanntesten Plattformen möchte ich Ihnen nachstehend vorstellen:

■ XING – das Businessnetzwerk

XING repräsentiert mit fast 11 Mio. Mitgliedern (Stand: März 2011) das größte Businessnetzwerk in Deutschland. Der »große Bruder« LinkedIn hatte im gleichen Zeitraum ca. 115 Mio. Mitglieder weltweit.

Sie können neben einer kostenfreien Version auch die Premium-Mitgliedschaft für 60 Euro Jahresbeitrag erwerben. Ein XING-Profil enthält alle wichtigen Informationen zu Ihrer Person, Ihre Kontaktdaten und ein Foto. Viele Unternehmer und Angestellte haben ihr Profil in XING eingestellt. Das macht es leicht, Kontaktpflege zu betreiben. Ich bin seit 2007 bei XING aktiv und kann nur Positives berichten. Meine Privatsphäre kann ich schützen und nur das öffentlich machen, was ich für richtig halte.

> **▶ Mein Tipp:**
> Verwenden Sie statt Ihrem Firmennamen einen guten Slogan.

Ich habe zum Beispiel im Moment statt apprico dort **»Küssen Sie Ihre Firma wach!«** stehen und wurde schon oft positiv darauf angesprochen und angeschrieben.

XING ist sehr leicht zu handhaben und Sie können sehr schnell relevante Kontakte in Ihrer Heimatstadt und/oder der näheren oder weiteren Umgebung finden. Wichtig ist auch hier: **»Wen suchen Sie«? – »Wo wollen Sie hin?«** In dem Moment, in dem man weiß, welche Kontakte man sucht, sollte man diese in »Suche« eingeben und einen **»Suchagenten«** einrichten. So finden Sie einmal bereits vorhandene passende Kontakte in XING, und immer wenn sich jemand neu anmeldet, der in Ihr »Beuteschema« passt, werden Sie sofort benachrichtigt.

Ganz toll ist außerdem die Funktion **»Kontakte vorstellen«**. Das ist wie im richtigen Leben. Wenn Sie jemanden kennen, der gut zu jemandem passt, weil dieser etwas sucht, stellen Sie den Kontakt her. Sehr nützlich bei XING ist auch die **Gruppenfunktion**. Sie werden überrascht sein, wie viele Gruppen es in XING gibt. Etliche davon bieten eine gute Möglichkeit des Austauschs zwischen Experten und Laien. Sie als Berater können dort sehr gut Eigenmarketing betreiben und Neukunden gewinnen.

Für **unseren Berufsstand relevant** sind im Moment:

- Business Feng Shui meets Real Estate,
- Feng Shui Aktuell und
- Ort, Mensch und Bewusstsein.

Empfehlen möchte ich ferner die vielfach vorhandenen **örtlichen XING-Gruppen**, die regelmäßig Treffen veranstalten. Wann immer es mir zeitlich möglich ist, bin ich dabei und habe sehr viele Geschäftspartner im Laufe der Zeit kennengelernt. Außerdem können Sie bei XING wunderbar und einfach Events anlegen und zu Ihren Vorträgen oder Seminaren einladen.

■ »Twitter kann man nicht erklären, Twitter muss man erleben.«

Haben Sie keine Angst vor Twitter! Auch wenn es zu Beginn mit den ganzen Abkürzungen und seltsamen Zeichen etwas gewöhnungsbedürftig ist. Das kenne ich, das ging mir am Anfang auch nicht anders. Ich habe drei Anläufe gebraucht, aber jetzt liebe ich es. Um Twitter erfolgreich und übersichtlich zu nutzen, gibt es die Möglichkeit, z. B. Tweetdeck einzusetzen – eine grandiose Schalttafel mit einem guten Überblick. Hier können Sie Links direkt kürzen, Fotos hochladen und die »Timelines«, die Sie speziell interessieren, unmittelbar verfolgen. Dort können Sie Ihre Tweets vorbereiten, speichern und zeitlich planen. Die meisten davon jedenfalls. Nirgends sonst erhalten Sie so viele Nachrichten in Echtzeit. Um Twitter mit all seinen Zusatzfunktionen richtig in den Griff zu bekommen, lohnt sich eine kleine Einweisung per YouTube oder ein Workshop.

Folgende Prozentzahlen helfen am Anfang bei folgender Frage: »Was und wie soll ich twittern?«

- **50 % hilfreiche Informationen für die Zielgruppe,**
- **10 % über mich und meine Produkte,**
- **5 % Fragen,**
- **20 % Beteiligung an Gesprächen,**
- **5 % Meldungen, die für Follower und ihr Leben nützlich sind,**
- **10 % Anerkennung, der sogenannte Retweet.**

Zu der Zeilenlänge mit ihren 140 Zeichen kann ich nur sagen: **Das ist eine wunderbare Aufgabe, um zu lernen, schnell auf den Punkt zu kommen und spannende Überschriften zu generieren.** Wenn Sie es schaffen, dass Ihre Leser aufgrund des Titels den dazugehörigen Link anklicken, sind Sie auf dem richtigen Weg. Umso mehr Sie dann »retweetet« werden, desto besser!

Manche sammeln Follower einfach so. Ich persönlich achte eher auf die Qualität als auf die Quantität – auch um den Überblick nicht zu verlieren. Mir ist es wichtig, dass mir Menschen folgen, die tatsächlich einen Mehrwert durch meine Beiträge haben. Aber das kann natürlich jeder so halten, wie es für ihn passend ist. Wichtig sind die Empfehlungen auf Twitter – dazu gibt es sogar extra den Follow Friday #FF, bei dem interessante Twitterer weiterempfohlen werden. Tun Sie es, und man wird das Gleiche für Sie tun! Twittern ist unheimlich spannend: Sie müssen erst etwas tun, nämlich schreiben, dann müssen Sie sich **positionieren**, damit Ihnen andere folgen – das ist eine echte Herausforderung!

Wie viel Zeit Sie dafür benötigen? Nun, mit zehn Minuten pro Tag ist es nicht getan. Um wirklich Präsenz auf Twitter zu zeigen, die Geschehnisse aktiv zu verfolgen und in den Kommentaren mitzumischen, ist schon ein gewisser Zeitaufwand mehrmals pro Tag erforderlich. Doch da es so viel Spaß macht, werden Sie dies kaum so empfinden. Für mich ist Twitter eine wunderbare Möglichkeit, mit neuen Menschen in Kontakt zu treten – vorerst nur online, später manchmal auch persönlich. Deshalb bedeutet für mich der Zeitaufwand keine Arbeit, sondern pures Vergnügen. Probieren Sie es einfach mal aus – aber vorsichtig, es kann süchtig machen!

▪ »Facebook, muss das wirklich sein?«

Auch das ist eine Frage, die letztendlich Sie selbst beantworten müssen. Auf Facebook gibt es meiner Meinung nach nur zwei Möglichkeiten, sinnvoll unterwegs zu sein. Erstens, man benutzt es als Portal, um mit seinen Freunden – den echten, die man wirklich kennt – in Verbindung zu bleiben. Wollen Sie Facebook jedoch rein professionell nutzen, um sich als Experte bekannt zu machen, ist eine andere Vorgangsweise erforderlich. Sie schaffen sich Ihr »offizielles Profil«, auf dem Sie durchaus auch einige private, ausgewählte Informationen geben, und lassen es mit dem **»Gefällt mir«-Button** bewerten. Bei dieser Art von offenem Facebook-Profil ist es natürlich noch wichtiger, **die Inhalte sorgfältig** zu wählen, genau darauf zu achten, was in der Rubrik »Was machst du gerade« oder »Info« und vor allem »Fotos« erscheint. Aus diesem Grund ist es auf Facebook noch bedeutender als auf Twitter, regelmäßig zu kontrollieren, was sich auf Ihrem Profil so tut. Sollte Ihnen ein Beitrag nicht gefallen und ein unangebrachter Kommentar vorhanden sein, können Sie antworten und reagieren. Dies soll Sie aber nicht davon abhalten, auf Facebook tätig zu sein. Es ist – richtig angewandt – ein sehr starkes Instrument, um auf Sie und Ihr Portfolio als Experte hinzuweisen. Auch auf Facebook gibt es die Möglichkeit, **Gruppen beizutreten** und **eigene Veranstaltungen zu bewerben**.

Was unterscheidet nun die Inhalte von Twitter und Facebook? Durch die »Hilfsinstrumente« wie Hootsuite, Tweetdeck und viele andere mehr ist es einfach, gleichzeitig auf Twitter und Facebook identische Inhalte zu posten. Das können Sie auch schon mal machen, im Falle von Zeitmangel – ich tue es selbst hin und wieder, wenn nicht für alle Kanäle individuell Zeit bleibt. Aber es sollte nicht die Norm sein. Facebook benötigt mehr und direktere Inhalte. **Das Geben-und-dann-erst-Nehmen-Prinzip von Twitter sollte sich auf Facebook verstärkt fortsetzen.**

> ▶ Mein Tipp:
> Wenn Sie mehrere Netzwerke beruflich nutzen, stimmen Sie Ihre Profile aufeinander ab.

▪ Google Plus – das Neue

Google Plus ist die jüngste soziale Plattform und wurde erst am 28. Juni 2011 ins Netz gestellt. Da sie innerhalb eines Monats bereits 18 Millionen registrierte Nutzer hatte (in Deutschland 710.000) – ein bisher einmaliger Vorgang im Bereich Social Media –, gehe ich davon aus, dass Google Plus sich fest etabliert.

Die Anmeldung bei Google Plus ist im Moment noch kostenlos. Besonders gefällt mir die Einteilung der eigenen Kontakte in bestimmte »Circles« wie Bekannte, Freunde, Familie, Kunden, Kollegen ... Das macht es sehr leicht möglich, relevante Informationen, Videos und Fotos ausschließlich mit einer bestimmten Gruppe zu teilen. Zudem sind »Hang-Outs« möglich – Videokonferenzen mit bis zu zehn Mitgliedern. In Kürze soll auch das Anlegen von Business Profilen möglich sein. Es ist meines Erachtens ein gutes Medium, um mit Feng-Shui-Kollegen oder auch einem Kunden eine Videokonferenz zu einem bestimmten Thema abzuhalten. Viele Experten gehen davon aus, dass Google Plus über kurz oder lang Facebook den Rang ablaufen wird. Das bleibt abzuwarten. Mir persönlich gefällt Google Plus sehr gut. Es ist einfach und schnell in der Handhabung.

Folgende Knigge-Regeln sorgen für Ihren guten Ruf im Web 2.0

- Zuhören: Wenn Sie Kontakt suchen, hören Sie zunächst den Gruppendiskussionen zu, bevor Sie Ihren Kommentar abgeben.
- Zeigen Sie Respekt vor der Gemeinschaft und behandeln Sie jeden so, wie Sie selbst auch behandelt werden möchten.
- »Geben ist seliger denn Nehmen« – Leisten Sie Ihre Diskussionsbeiträge, bringen Sie neue Ideen ein.
- Sinnfreie Beiträge vermeiden: Fragen Sie sich, ob Ihr Text die Diskussion wirklich voranbringt.
- Verleumdungen verboten: Öffentliche Diffamierungen sind zu unterlassen.
- Beziehungen sorgfältig aufbauen: Nehmen Sie sich Ihre Zeit, Beziehungen im Netz aufzubauen und gehen Sie sparsam mit persönlichen Informationen um.
- Suchen Sie nicht ständig die Aufmerksamkeit anderer.
- Seien Sie nett zueinander.

Sie sehen, es ist im World Wide Web nicht anders als im »normalen Leben« – deshalb lege ich Ihnen die Social-Media-Etikette sehr ans Herz.

> ▶ Mein Tipp:
> Notieren Sie alle Kennwörter und Zugangsdaten zu den einzelnen Onlineportalen auf einem speziellen Merkzettel!

■ Wo geht die Reise der Social Media hin?

Tja, schwer zu sagen. Noch vor relativ kurzer Zeit sprach niemand von Twitter, heute twittern weltweit Millionen von Menschen – und täglich werden es mehr. Hätte man noch vor einiger Zeit gesagt, ich muss mal kurz online »zwitschern«, wären die Reaktionen der Mitmenschen wohl sehr befremdet ausgefallen. Heute wissen die meisten – zumindest theoretisch – was Twitter ist. Aufgrund der Zuwächse ist mit Twitter also sicher weiterhin zu rechnen. Facebook – obwohl kritisch betrachtet – bleibt auf jeden Fall auch im Rennen. Und ganz sicher wird Google Plus ein wichtiges Social-Media-Instrument der Zukunft sein. XING gehört seit 2009 zu einem großen Teil zum Burda-Konzern und wurde vor Kurzem komplett relauncht und an andere bekannte Konkurrenten-Outfits angepasst. Als Businessnetzwerk bleibt es sicher auch erhalten.

Der Dialog von Mensch zu Mensch im Netz wird **bestimmt** nicht mehr aufzuhalten sein. Wie auch immer es sich in Zukunft gestalten mag: Menschen lieben es, involviert zu sein, um ihre Meinung gefragt zu werden, das Gefühl zu haben, »Teil eines Ganzen« zu sein. Kunden werden die »Macht«, die ihnen dieser direkte Dialog bietet, und die Möglichkeit, Kommentare auf Ihren Unternehmensseiten auf Facebook abzugeben und damit Einfluss auszuüben, sicher nie mehr abgeben. Die Social Media sind folglich mit Sicherheit nicht als »Hype« zu bezeichnen. Sie sind da und werden bleiben. Social Media kommen den Wünschen der Menschen, sich auszutauschen und mitzuteilen, sehr entgegen. Ich persönlich rate, in die Social Media einzusteigen und an diesem Dialog rasch teilzunehmen.

6. Der erste Kundenkontakt

Am Telefon – Kunde »droht« mit Auftrag!

Toll, es hat sich herumgesprochen, der Anrufer hat Ihre Adresse vom Flyer, oder der Messebesucher meldet sich. Es ist auf jeden Fall so weit – der erste ernsthafte Interessent ruft an. Nun wird es richtig spannend. Mir hat, vor allem am Anfang, eine gewisse Struktur geholfen, vor lauter Aufregung nichts Wichtiges zu vergessen: Anders, als wenn Sie selbst anrufen, werden Sie ja »überrascht« und sollten nicht gerade so agieren, als ob es Ihr erster Kunde wäre.

Begrüßung

Mit einer freundlichen Begrüßung und der klaren Ansage Ihres Firmennamens und Nennung Ihrer Person fängt es an. Deshalb sollten Sie auch eine eigene Telefonnummer für Ihre Beratungsfirma haben. Dann ist klar, dass der Anruf geschäftlicher Natur sein muss. Wie beim persönlichen Kontakt sind die ersten Sekunden entscheidend.

> Special: Heike Eberle:
>
> **Der erste Eindruck mit Ausdruck!**
>
> Sie glauben gar nicht, wie viele nebulöse Telefongespräche es gibt. Da wird der Telefonhörer abgenommen und einfach nur ein »Ja bitte?« reingesäuselt. Bei solch einer Begrüßungsformel bin ich jedes Mal fassungslos vor Wut und denke mir: Was haben die Leute denn zu verbergen, dass sie sich so kurz angebunden melden? Was, lieber Leser, denken Sie, wenn Sie eine solche Begrüßung hören? – »Störender Anruf, mies drauf, unlustig.« Eine schwungvolle und

herzliche Begrüßung öffnet ein Gespräch und hinterlässt zudem einen guten Eindruck mit starkem Ausdruck.
Es muss allerdings auch gesagt werden, dass das andere Extrem der »Begrüßungsformel« ebenfalls kursiert. Dies erleben wir alle bei den Großkonzernen. Dort werden Mitarbeiter zu bestimmten Einheitsbegrüßungen angetrieben – das wiederum empfinde ich als langweilig und öde.

Also: Vermeiden Sie die knappe Begrüßung und heben Sie sich deutlich von den Konzerngepflogenheiten ab. Finden Sie zu Ihrer persönlichen Begrüßung, die auch von morgens bis abends variabel sein kann. Und wissen Sie was? Wer gute Laune hat, der macht die Begrüßung intuitiv richtig!

Anknüpfungspunkte

Sicher wird Ihr Kunde Ihnen den Grund seines Anrufs nennen und – wenn Sie Glück haben – auch sagen, wie er auf Sie aufmerksam geworden ist. Wenn nicht, sollten Sie ihn unbedingt danach fragen.

Besprechungspunkte

Fragen Sie nach der Art der Beratung, die in Erwägung gezogen wird. Kommt es Ihnen entgegen, dann erfragen Sie alle Beteiligten und deren Geburtsdatum und die genaue Adresse. Bei Neubauten oder geplanten Umzügen erkundigen Sie sich bitte auch auch nach der späteren, neuen Adresse.

Vereinbarung

Vereinbaren Sie einen Besichtigungstermin und nennen Sie nach Möglichkeit keine Preise, sonst werden Sie beim Termin darauf festgelegt. Ob Sie für den ersten Termin etwas für den Aufwand und die Anfahrt verlangen, müssen Sie wissen. Ich mache es nicht, weil es mir wichtig ist, den Kunden kennenzulernen. Erst dann entscheide auch ich mich, ob ich den Auftrag annehmen möchte oder nicht.

> ▶ **Mein Tipp:**
> Denken Sie daran, Adresse, Telefonnummer und E-Mail-Adresse des Kunden zu notieren – es könnte etwas dazwischenkommen, oder Sie verspäten sich wegen eines Staus etc.

Verabschiedung

Eine freundliche Verabschiedung beendet das Gespräch. Nennen Sie dabei noch einmal den Namen des Anrufers.

Ihr Auftreten am Telefon

Ihre **Stimme** ist **Ihre akustische Visitenkarte**! Sie ist Ihr wichtigstes Kapital beim Telefonieren.

Lächeln Sie beim Sprechen! Und sitzen Sie aufrecht. Der Kunde kann Sie natürlich nicht sehen, außer Sie skypen, aber es unterstützt Ihre Wortfindung und Überzeugungskraft. Bleiben Sie natürlich – authentisch sein heißt glaubwürdig sein. Dazu gehört gleichsam, dass Sie einen leichten **Dialekt, so wie ich ihn habe, nicht verstecken** müssen.

Bei der **Wortwahl** ist es ratsam, Begriffe wie »wahrscheinlich«, »eigentlich«, »eventuell« zu vermeiden. Dies wirkt wenig überzeugend auf Ihren potenziellen Kunden.

Einen guten Eindruck hingegen können Sie machen, wenn Sie den Namen des Anrufenden häufiger nennen.

Von Bedeutung ist es ferner, **Fragetechniken** zu beherrschen. Wer fragt, führt. Durch Fragen können Sie in einem Telefongespräch wichtige Informationen über die Bedürfnisse des Kunden in Erfahrung bringen.

> Special: Heike Eberle:
> Ich bin dann mal freundlich
>
> Obwohl Freundlichkeit eine Selbstverständlichkeit ist, sind viele Menschen mufflig und mundfaul. Auf zehn Meter Entfernung riecht man deren Unlust und Demotivation. Denken Sie von Kassiererinnen, Postbeamten, Friseusen oder sonsti-

gen Servicekräften auch oft, dass diese hätten einen anderen Beruf wählen sollen?
Die ureigenste Kundenerwartung ist Freundlichkeit. So gibt es ein chinesisches Sprichwort, das besagt: »Wenn du nicht lächeln kannst, sollst du kein Geschäft eröffnen.« Gerade heute Morgen hat eine Postbeamtin die Post still und schweigend in mein Büro gelegt. Und obwohl ich freundlich ein »Guten Morgen« verkündete, erhielt ich keine Reaktion. Krass, oder? Solche Menschen sollten aus dem Geschäftsleben vollständig eliminiert werden und in die »Unterwelt« abtauchen.
Mal ehrlich, macht es Ihnen nicht auch wesentlich mehr Spaß, in ein lachendes und einem wohlgesinntes Gesicht zu schauen? Ich spreche hier nicht von der aufgesetzten Freundlichkeitsbrille, sondern von einem natürlichen Gesichtsausdruck, an dem zu erkennen ist: »Hier fühle ich mich wohl, hier bin ich richtig.«

Ein Wort zu den Fernberatungen: Solche sind für mich absolut unseriös. Feng-Shui lebt nicht von Pauschalaussagen, sondern davon, den Kunden als Mensch mit all seinen Bedürfnissen in den Mittelpunkt zu stellen. Dazu gehören das genaue Zuhören und mindestens ein Vor-Ort-Termin, um mit allen Sinnen den Kunden und seine Umgebung aufzunehmen – wahrzunehmen. Ihn verstehen zu lernen, ihn zu fühlen. Erst dann kann eine individuelle Beratung erfolgen. Alles andere ist in meinen Augen Geldmacherei.

▶ **Mein Tipp:**
Besprechen Sie Ihren Anrufbeantworter für die Zeit Ihrer Abwesenheit oder leiten Sie das Telefon um.

▪ Vorbereitung auf den Kundenbesuch

Der festgelegte Kundentermin naht. Jetzt gilt es, einen kompetenten Auftritt hinzulegen.

Zum Glück können Sie wichtige Kernaussagen bereits im Vorfeld treffen. Bei **Google Earth** haben Sie die Möglichkeit, das

Objekt und die Umgebung schon einmal **anzuschauen und auszudrucken.**

Anhand der **Geburtsdaten** können Sie die **KUA-Zahl ermitteln** und passende **Formen und Farben** bestimmen.

Ein selbst entworfenes oder gekauftes **Datenerfassungsblatt** hilft dabei, strukturiert vorzugehen und keine wichtigen Fragen zu vergessen. Nutzen Sie verschiedene Formularblätter für geschäftliche und private Analysen.

Verwenden Sie eine **Schreibmappe** mit Kuli und Platz für Ihre **Visitenkarten**.

> ▶ **Mein Tipp:**
> Wenn es nicht zu weit entfernt ist, fahren Sie vorher schon einmal am Haus vorbei und machen Sie sich Notizen – das bringt Sicherheit.

Am Termintag sollten Sie Folgendes dabeihaben:

- Tasche/Koffer,
- Lo-Pan oder einen normalen Kompass,
- Schreibmappe,
- ausgedruckte Unterlagen,
- passende Formularblätter,
- Überziehschuhe,
- Fotoapparat,
- Visitenkarten.

> ▶ **Mein Tipp:**
> Bereiten Sie sich auch innerlich vor – gehen Sie nur zum Termin, wenn es Ihnen gut geht.

Meditieren oder beten Sie, stimmen Sie sich auf den Termin ein. Denken Sie daran, keine Fremdenergie mit ins eigene Zuhause zurückzubringen.

7. Beim Kunden

■ **Wie verhalte ich mich beim ersten Kontakt?**

Wissen Sie, was sich in den Köpfen Ihrer Kunden abspielt, wenn Sie das erste Mal vor der Tür stehen? Meistens hat im Privatbereich entweder Mann oder Frau angerufen und der jeweilige Partner steht mit ernstem Gesicht daneben und glaubt zunächst einmal an gar nichts. Bei Businessunternehmen sieht das ganz ähnlich aus. Mit viel Glück sind Sie direkt vom Chef engagiert worden – ansonsten wurden Sie vielleicht von der Sekretärin eingeladen – und müssen nun den Eigentümer und die Führungskräfte von Ihrer Arbeit als Feng-Shui-Berater überzeugen.

Denken Sie daran, wenn Sie das erste Mal beim Kunden sind: Die Reaktion ist privat und geschäftlich von weniger »Feng-Shui-Überzeugten« oft identisch.

Flucht: »Nein, bei dem Gespräch möchte ich nicht dabei sein – ich habe keine Zeit.« Muss der- oder diejenige beim Termin dabeibleiben, stößt man meistens auf **Abwehr**. Typische Haltung: »Ich glaube da nicht dran – das soll wirken?« Haben Sie im Businessbereich den Chef auf Ihrer Seite und er setzt die Feng-Shui-Auswertung einfach durch, kommt es oft zu **Frustration**.

Das bedeutet für unser Kundengespräch:

1. **informieren,**
2. **kommunizieren,**
3. **mit ins Boot nehmen.**

Neudeutsch nennt man so etwas: Change-Prozess – und nichts anderes passiert, wenn wir Feng-Shui-Berater oder Geomanten bei Kunden sind. Das Denken muss die Richtung ändern und Blockaden, vor allem in den Köpfen, müssen aufgelöst werden.

Denken Sie bei Ihren Gesprächen daran: Oft scheitern mögliche Aufträge an der mangelnden Kommunikation und Information der Berater. Erklären Sie deshalb genau, wie Sie arbeiten.

Noch stehen Sie aber an der Haustür, und auch hier gibt es spezielle Regeln – Petra Kirst gibt dazu die nachfolgenden hilfreichen Business-Knigge-Tipps:

- Der Firmeninhaber oder Mitarbeiter grüßt den Kunden – wenn Sie zum Kunden nach Hause kommen, entscheidet der Kunde, ob er Ihnen Hand reicht.

Im gesellschaftlichen Miteinander gilt ansonsten die Regel:
- Der Mann grüßt die Frau – die Frau entscheidet, ob sie die Hand reicht.
- Der Jüngere grüßt den Älteren – der Ältere entscheidet, ob er die Hand reicht.
- Der Einzelne grüßt die Gruppe – die Gruppe entscheidet, ob sie die Hand reicht (dies gilt für bis zu max. sechs Personen).

Im beruflichen Alltag gilt folgende Regel:
- Der Rangniedere grüßt den Ranghöheren – der Ranghöhere entscheidet, ob er die Hand reicht.

Ausnahme Gastgeberfunktion
Wenn der Kunde zu Ihnen kommt, dann sind Sie Gastgeber und Sie reichen dem Kunden die Hand.

Seien Sie pünktlich und lieber etwas früher da.
Wie trete ich auf?
Wo gehe ich hin – was ziehe ich an?
Bei einem Termin auf der Baustelle bei starkem Gewitterregen sind Gummistiefel sicher die erste Wahl, beim Termin mit dem Bankvorstand werden Jeans und lässiger Pulli sicher nicht gut ankommen.

Was Sie unbedingt vom Kunden brauchen:
- die Grundrisspläne (am besten im Format DIN-A4) mit Maßangaben,

- einen Lageplan mit eingetragenem Nordpfeil,
- das Baujahr des Hauses/Wohnung – den Einzugstermin,
- die Geburtsdaten (Uhrzeit und Ort – je nach Schule) aller relevanten Personen,
- eine Definition seiner Wünsche.

Nehmen Sie alle relevanten Daten auf. Denken Sie beim Messen mit dem Kompass daran, keine Schmuckstücke oder Gürtel mit Metallschnalle zu tragen. Gehen Sie so vor, wie Sie es in der Ausbildung gelernt haben, und erklären Sie so kompetent wie möglich die Fragen nach dem Warum und Wieso der Messungen.

▶ **Mein Tipp:**
Achten Sie darauf, nicht in die Feng-Shui-Fachsprache zu verfallen, erklären Sie anschaulich und verständlich.

Seien Sie achtsam! Hören Sie genau zu. Erhalten Sie bereits beim ersten Gespräch Informationen zu Formen der Möbel oder Farben, die gar nicht gehen, so notieren Sie sich das sofort. **Notieren Sie auch Kleinigkeiten unverzüglich.** Fragen Sie, ob Sie Fotos vom relevanten Objekt machen dürfen. Falls es nicht zu einem Auftrag kommt, werden diese vernichtet. Generell sollten Sie dem Kunden versichern, dass Sie mit seinen **Daten vertrauensvoll** umgehen. Bei der Verabschiedung sollten Sie eine Zeitspanne nennen, in der Ihr Kunde mit Ihrem Angebot rechnen kann.

Das war doch gar nicht so schwer, oder?

Nun geht's heim ins Büro. **Das erste Angebot!** Ganz sicher taucht spätestens hier die Frage auf: **Was soll ich jetzt verlangen?**

Immer wieder lese ich von sogenannten Festpreisen auf den Internetseiten von Kollegen. Ich kann mich nur wundern. Das wäre genau so, wie wenn ich als Handwerksmeisterin früher jedes Haus mit weißem Anstrich gleich angeboten hätte. Ich verstehe diese Pauschalaussagen nicht. Jeder Kunde hat doch ein anderes Anliegen und erwartet eine Lösung seiner Problematik – und jedes Objekt ist anders. Deshalb sind auch meine Lösungsansätze und der Aufwand, der betrieben werden muss, um diese zu finden, jedes Mal anders.

Eine Feng-Shui-Beratung auf fachlich hohem Niveau bezieht sehr viele Faktoren rund um die Fragestellung des Kunden und das vorhandene Objekt ein, ist jedes Mal anders und sollte meiner Meinung nach **stets individuell auf dessen Ziele und Wünsche abgestimmt werden.**

Ich nehme mir die Zeit, jede Aufgabenstellung zu kalkulieren. Dann lege ich **ein angemessenes Honorar** für meine Optimierungsvorschläge fest. In der Regel ist das bei mir ein genau definierter Festpreis.

8. Kalkulation und Angebot

▪ Was ist eine Kostenkalkulation?

Für mich als Handwerksmeisterin ist die Kostenkalkulation unbedingt ein Muss.

Hier unterscheide ich in Angebots- und Auftragskalkulation.

a. Angebots- und Auftragskalkulation

Hierbei handelt es sich um die Zusammenstellung der objektspezifischen Kosten für Ihre Leistungen zur Ermittlung des Angebotspreises. Hier sollten Sie auch sämtliche Fahrten zum Kunden einrechnen. Diese Preiskalkulation wird auch oft mit dem Begriff »Kostenvoranschlag« gleichgesetzt.

Ob Sie Ihr Angebot Ihrem Kunden dann als m^2-Preis, Stundensatz oder Pauschale anbieten, bleibt Ihnen überlassen.

b. Arbeitskalkulation

Nach der Auftragserteilung beginnt Ihre Arbeit mit der Auswertung der vorliegenden Situation. Die grundsätzliche Auswertung ist dabei irgendwann »Routine« – die vorliegende Situation mit den Menschen und passende Optimierungsmaßnahmen erweisen sich hingegen sehr häufig als die Suche nach dem roten Faden. Das benötigt Zeit. Dieser Zeitaufwand ebenso wie nötige Telefonate oder die Vorbereitung einer Präsentation gehören zur Arbeitskalkulation und sollten als solche festgehalten werden. Die Arbeitskalkulation stellt somit eine Weiterentwicklung der Angebots- und Auftragskalkulation dar. In ihr werden die Sollkosten und Sollzeiten fixiert.

c. Nachkalkulation

Bei der Nachkalkulation werden den Sollansätzen aus der Arbeitskalkulation die tatsächlichen Ist-Kosten gegenübergestellt.

▪ Ihr ganz spezielles Angebot

Das Angebot ist Ihre Chance, überzeugend darzustellen, dass Sie genau das anbieten können, was Ihren Kunden glücklich macht!

Grundregel: Nutzen und Vorteile herausstellen!

Deshalb überzeugt Ihr Angebot einen Interessenten am ehesten, wenn es auf komplizierte Fachbegriffe verzichtet und stattdessen mit konkretem Nutzen und handfesten Vorteilen argumentiert.

Der Preis Ihrer Leistungen ist zwar ein wichtiger Teil des Angebots, doch er allein ist nicht unbedingt entscheidend für den Erfolg.

Richten Sie Ihr Angebot stets an eine echte Person und nicht einfach an ein Unternehmen. Sicherlich war es auch eine konkrete Person, die das Angebot bei Ihnen erbeten hat. Und nur wenn Sie den Namen des Adressaten kennen, können Sie eine verbindliche Ansprache wählen.

> ▶ **Mein Tipp:**
> Wenn Sie den Adressaten nicht kennen, fragen Sie einfach nach – ein kurzer Anruf genügt.

Ihre Leistungen für den Kunden

Schlüsseln Sie in Ihrem Angebot detailliert auf, welche Leistungen Sie im Rahmen des Auftrages erbringen werden. Das bildet die Grundlage für eine spätere reibungslose Auftragsabwicklung. Es sollten alle Leistungen so genau wie möglich beschrieben werden. Das bewahrt beide Seiten vor Missverständnissen.

> ▶ **Mein Tipp:**
> Schreiben Sie verständlich. Fachbegriffe sind hier weniger nötig als eine stimmige Darstellung.

Berücksichtigen Sie dabei, dass Sie insbesondere vermeintliche »Selbstverständlichkeiten« erklären. Denn: Was für Sie »selbstverständlich« ist, wie z. B. die Angabe von Farbempfehlungen, gilt lange nicht für den Kunden!

Was soll das Ganze kosten?
Natürlich gehört in ein Angebot der Preis für die aufgeführten Leistungen. Nennen Sie ihn erst, wenn Sie überzeugend erläutert haben, wie Sie die Wünsche Ihres Kunden erfüllen werden.

Oft existieren verschiedene Möglichkeiten, den Preis bzw. das Honorar für Ihre Leistungen zu kalkulieren.

Die Stundensatzkalkulation:
Wie Sie Ihren Stundensatz kalkulieren, habe ich bereits erklärt. Nun kommen wir zu folgenden Fragen: Wie viel Zeit benötigen Sie voraussichtlich für Ihre Arbeit? Welche zusätzlichen Kosten (z. B. Fahrtkosten etc.) kommen evtl. dazu? Diese Kalkulation ist sinnvoll, wenn Sie entsprechende Erfahrungswerte haben und den Arbeitsaufwand gut einschätzen können. Bei komplexen Aufgaben mit verschiedenen Posten schlüsseln Sie die Stunden, die Sie für die einzelnen Arbeitsschritte benötigen, am besten für den Kunden auf, um den Gesamtaufwand transparent zu gestalten.

Wichtig: Die meisten Aufträge dauern länger als geplant. Schätzen Sie Ihre Arbeitszeit möglichst nicht zu knapp, oder schlagen Sie einen gewissen Puffer auf das errechnete Ergebnis auf, sonst zahlen Sie vielleicht am Ende drauf.

Die Festpreiskalkulation:
Ich arbeite nur mit dieser Art der Kalkulation. Ein Festpreis bleibt auch bei leichten Änderungen gleich. Der Nachteil: Wenn Sie sich verrechnet haben, bekommen Sie Ihren Mehraufwand nicht bezahlt.

Auch wenn Ihnen der ermittelte Preis oder das kalkulierte Honorar viel zu hoch vorkommen: Korrigieren Sie nicht reflexartig nach unten!

Wenn Sie den Auftrag in der Tasche haben, weil Ihr Angebot zu niedrig war, wird die Freude nicht von Dauer sein: Es fühlt sich nicht gut an, für gute Arbeit schlecht bezahlt zu werden, zumal Sie mit einem zu niedrigen Angebot keinerlei Spielraum nach unten haben, falls Ihr Kunde verhandeln will. Nicht vergessen: **Ein gutes Geschäft muss immer für beide Seiten ein Gewinn sein.**

Denken Sie auch daran, festzusetzen, wie lange Sie sich an dieses Angebot gebunden halten. Vier Wochen, sechs Wochen oder ein halbes Jahr?

Pflichten – Wer trägt dazu bei, dass das Projekt erfolgreich wird?

Führen Sie auf, welche Pflichten Ihr Kunde und Sie als Berater zur erfolgreichen Bearbeitung des Projekts übernehmen. Welche Informationen und Daten (Baupläne, Zeichnungen etc.) muss der Kunde Ihnen zur Verfügung stellen und wann? Wenn Sie mit mehreren Ansprechpartnern in einem Unternehmen zu tun haben, sollten Sie ganz genau festlegen, wie und durch wen Freigaben erteilt werden müssen, um verbindlich zu sein.

Konditionen – das Kleingedruckte

Wie bezahlt Ihr Kunde und in welchem Zeitraum? Gewähren Sie einen Nachlass bei Vorauszahlung? Sind – bei größeren Projekten – Abschlagszahlungen fällig, z. B. die Hälfte des Honorars bei Auftragserteilung, die andere Hälfte bei Fertigstellung? Interessante Konditionen können durchaus den Ausschlag für Ihr Angebot geben, wenn es um eine längerfristige Zusammenarbeit geht. Legen Sie auch fest, wann Ihr Honorar fällig ist. Wenn Sie dazu keine Angabe machen, gilt die gesetzliche Regelung von 30 Tagen.

> Special: Heike Eberle:
> **Der Preis ist heiß.**
> Die meisten Menschen scheuen sich vor einer klaren Preisansage – das ist meistens einem schlechten Selbstwertgefühl geschuldet. Wer seinen Stundensatz zu gering ansetzt,

glaubt, es nicht wert genug zu sein, höhere Preise zu verlangen. Irgendwann rächt sich das aber! Auch Selbstständige, die von zu Hause aus arbeiten, müssen ihre fixen Kosten in ihre Kalkulation miteinbeziehen: Krankenversicherungsbeiträge, Autokosten, Einkommensteuer, sonstige Versicherungsbeträge.

Und jetzt kommt ein ganz wichtiger Grundsatz: Je weniger Stunden Sie im Jahr abrechnen können, desto höher müsste Ihr abzurechnender Stundensatz sein, damit Sie auf Ihre Kosten kommen. Und genau das ist die Krux bei der ganzen Sache: Je höher der Stundensatz, desto exklusivere Kunden brauchen Sie. Genau diese stehen natürlich nicht bei Ihrer erst gestarteten Existenzgründung vor der Tür. Also gehen Sie behutsam mit Ihren Stundensätzen um!

Vertragsannahme – möglichst ohne Hürden

Versehen Sie Ihr Angebot mit einem Abschnitt, der dem Kunden eine prompte schriftliche Bestätigung so einfach wie möglich macht, also mit Raum für seine Unterschrift, Ort und Datum oder etwaige Änderungswünsche. Dann kann es gleich losgehen.

Special: Heike Eberle:

Kleingedrucktes

Ich hasse Kleingedrucktes wie die Pest. Außerdem vertrete ich folgende Meinung: Wer Kleingedrucktes zur Schau stellt, hat etwas zu verbergen. Kennen Sie nicht auch die Versicherungsleute, die Ihnen einen Vertrag aufschwatzen und zwei Wochen danach einen 20-seitigen Vertrag zuschicken, bei dem das Wichtigste klein gedruckt im Nachtext zu vernehmen ist?

Ich stehe für eine offene, klare und servicebewusste Vertragsgestaltung! Früher wurden doch auch Verträge mit Handschlag besiegelt. Das war einfach, unkompliziert und ehrlich. Keiner hatte das Gefühl, über den Tisch gezogen zu werden. Meine Verträge mit meinen Kunden sind ebenso einfach und klar, denn wer zu Beginn mit einem dicken Vertragswerk das Geschäft verkompliziert, der wird auch bei der Begleitung kompliziert und umständlich agieren.

Zum Schluss: Form und Ablauf

Nicht nur der Inhalt, **auch die Gestaltung Ihres Angebots verdient Sorgfalt**: Verständlich, fehlerfrei und übersichtlich sollte es sein. Wenn Sie Ihr Angebot so zeitnah wie möglich erstellt haben und nichts von Ihrem Kunden hören: **Fragen Sie spätestens nach einer Woche nach**, ob Ihr Angebot angekommen ist. Vielleicht stellt sich heraus, dass es Fragen zu klären gibt. Jedenfalls bringen Sie sich so in Erinnerung und bekunden Ihr Interesse.

Selbst sorgfältig ausgearbeitete, individuelle Angebote münden nicht immer in einen Auftrag. Nehmen Sie es nicht zu persönlich und verzagen Sie nicht. Das passiert! Einen Nutzen können Sie aber auch dann noch ziehen: **Niemand wird Ihnen übel nehmen, wenn Sie sich telefonisch erkundigen, warum ein anderer Anbieter den Zuschlag erhalten hat.** Die gewonnenen Informationen können Sie nutzen, um noch besser zu werden.

Special: Heike Eberle:

Verschicken Sie Angebote wie Urlaubsgrüße?

Dabei ist die Angebotserstellung schon ein Riesenakt, wo Sie sich Gedanken über das Kundenprojekt gemacht haben und Ihr Hirnschmalz auf Papier bringen. Ist es nicht geradezu geschäftsschädigend, wenn Sie diese kostbare Zeit einfach zunichte machen? Ich kenne viele Kollegen, die wie Angebotsjäger von Pontius nach Pilatus fahren, bis tief in die Nacht Angebote ausarbeiten und dann weiter auf die Pirsch gehen, um Angebote zu schreiben. Sehr uneffektiv. Sie vergessen, diese Angebote nachzuarbeiten. Der wahre Grund, weshalb viele Menschen Angebote wie Urlaubsgrüße verschicken, lautet: Sie haben Angst vor einer Absage. Dabei sind diese Erfahrungen Teil Ihres Geschäftslebens.

Nehmen Sie sich immer wieder die Zeit, Angeboten nachzutelefonieren, suchen Sie bewusst das Gespräch mit Ihren Kunden, um die Gründe für die Angebotsabsage zu erfragen. Und bleiben Sie hartnäckig, wenn Sie ein Kunde einfach so abschmettern will. Die wahren Gründe liegen meist tiefer. Und denken Sie einfach mal darüber nach, dass Menschen dem Fragenden nicht gleich bei der ersten Frage reinen Wein einschenken. Wenn Sie im Restaurant von der Bedienung gefragt werden: »Hat es Ihnen geschmeckt?«, antworten die meisten von Ihnen sicherlich mit »Ja, danke«. Wenn Sie allerdings nach einem kleinen Small Talk mit der Bedienung gefragt würden: »Auch der Beilagensalat?«, würden Sie sich vielleicht öffnen und gerne aus dem Nähkästchen plaudern.

9. Der erste Auftrag

> *»Nicht wenige Experten sehen ihre Daseinsberechtigung darin, einen relativ einfachen Sachverhalt unendlich zu komplizieren.« (Pierre Trudeau)*

▪ Die schriftliche Auswertung

Noch immer gibt es genug Berater, die gar keine schriftliche Auswertung anbieten, sondern eine mündliche Low-Version. Ganz ehrlich, ich kann mir nicht vorstellen, dass das funktioniert. Das ist ungefähr so, als wenn Sie einen neuen Computer bekommen, keine Ahnung haben und der Verkäufer Ihnen eine Stunde lang erzählt, wie alles funktioniert. Spätestens am nächsten Morgen, wenn Sie selbst probieren wollen, erinnern Sie sich nur noch an die Hälfte. Leider haben Sie auch nichts Schriftliches zum Nachlesen. Zu dumm! Andererseits: Die Empfehlung mancher Schulen, sehr viel zu schreiben, damit alles wirklich einen Expertenanschein hat, ist auch nicht wirklich zielführend. Etliche dieser Auswertungen habe ich später in den Schubladen liegen sehen. Eng beschriebene 40 Seiten. Ohne Bild, ohne Zeichnung. Das war den Kunden einfach zu aufwendig. Denken Sie bitte daran, dass die ganzen Spezialausdrücke des Feng-Shui dem »normalen« Menschen unbekannt sind, und schreiben Sie in klaren Worten.

Wie Sie Ihre Auswertung »verpacken«, bleibt Ihnen überlassen. Ich habe von bedruckten Präsentationsmappen bis zum kostbar gebundenen Heft schon vieles gesehen.

▪ Das hilft beim Arbeiten:

SPECTRUM 4.0 von der Firma Caparol Das innovative Visualisierungsprogramm wurde speziell für die Erstellung eigener

Farbgestaltungen entwickelt. Es ermöglicht die fotorealistische Darstellung von Entwürfen anhand eigener Fassaden-/Innenraumfotos und zahlreicher Beispielbilder. Auch das Gestalten selbst konstruierter virtueller Innenräume ist möglich.

Sie können für Ihre Kunden individuelle Gestaltungskonzepte mit Farbe, Wandtechnik, Bodenbelag, Stoff und Profilen entwickeln.

Farbdesigner.de – das Gestaltungsprogramm der Fa. Brillux
Der Farbdesigner ist das Online-Instrument, mit dem Sie in kürzester Zeit stimmige Farbkonzepte entwickeln können. Neben vorbereiteten Musterszenen lassen sich auch eigene Fotos hochladen und gestalten.

- **Feng-Shui-Programme:**

Für den professionellen Feng-Shui-Berater bietet sich als Werkzeug gute Software an, die grafisch hochwertige Beratungsunterlagen in kürzester Zeit zuverlässig erstellt.

fengshuiPC (Kontakt in der Anlage)
fengshuiPC ist eine sehr empfehlenswerte Feng-Shui-Software. Aufbauend auf Microsoft Excel, ist das Programm bedienungsfreundlich und reiht sich nahtlos in die Office-Familie ein. Es bietet drei konkurrenzlose Vorteile:

- **Verlässliche Ergebnisse in Sekundenschnelle nach Eingabe von Haus- und Personendaten.**
- **Professionelle Darstellung der Analyse sowie der Empfehlungen, auch auf den eingescannten Grundrissen des Kunden.**
- **Die optische Verbindung der verschiedenen Feng-Shui-Analysen direkt auf dem Grundriss führt zu Erkenntnissen, welche ohne Programmunterstützung oft übersehen würden.**

fengshuiPC unterstützt seine Benutzer durch ein 70-seitiges Handbuch mit 150 Abbildungen sowie durch zweitägige Einführungskurse in Deutschland, Österreich und der Schweiz. Als besonderer Bonus wird eine vielseitig einsetzbare Feng-Shui-

Schriftart mit chinesischen Schriftzeichen, Trigrammen und Tieren mitgeliefert.

Anne Rosa Wangnick Consulting – Online-Software

Die professionelle Online-Software ermöglicht ausführliche Berechnungen, selbst definierte Deutungstexte und druckbare Ergebnisse je nach Art der Anwendung. Sie können Ihre eigenen technischen Begriffe verwenden und diese zusammen mit den Berechnungsparametern und Optionen in den Einstellungen speichern. Verfügbar sind zurzeit professionelle BaZi-Berechnungen und chinesische Numerologie.

Sie wünschen sich einen **Onlinerechner auf Ihrer Webseite** oder spezielle Programme für Ihre Ausbildung? Anne Rosa Wangnick Consulting bietet Ihnen individuelle Tools für Ihre Webseite, passend zu Ihrem Auftritt mit Ihrer eigenen Terminologie.

Cosma by atelier sulai

Die Software COSMA ist ein Produkt von atelier sulai. Sie unterstützt bei den komplexen Berechnungen im klassischen chinesischen Feng-Shui, in der traditionellen chinesischen Astrologie TCA sowie bei der Auswertung und Interpretation des Münzorakels I Ging.

Die Software unterstützt mit einer schnellen, effizienten und fehlerfreien Berechnung der verschiedenen Techniken.

▪ Die Präsentation Ihrer Auswertung beim Kunden

Sicher haben Sie eine schriftliche Auswertung gemacht.

Jetzt kommt es darauf an, diese beim Kunden so zu präsentieren, dass er zu 100 % versteht, was Sie in seiner Wohnung bzw. in seinem Haus/Büro vorgefunden haben und wie Ihre vorgeschlagenen Optimierungsmaßnahmen aussehen.

Da ist bei Privatkunden meistens ausreichend, wenn Sie verständlich und klar erklären wo es der Optimierung bedarf. Im Business Bereich jedoch kommt es oft vor, das Sie ihre Auswertung vor den Entscheidern präsentieren müssen.

Sicher werden Ihnen die Fragen von **Petra Kirst** auch hier weiterhelfen:

> Warum?
> Warum wird diese Präsentation durchgeführt?
> Welches Ziel verfolgt diese Präsentation?
>
> Vor wem?
> Vor wem findet die Präsentation statt? Von Vorteil ist zu wissen, wie sich das Publikum zusammensetzt:
>
> - Sind es gleiche Hierarchieebenen oder ist das Publikum gemischt?
> - Wie ist der Wissensstand der Anwesenden?
> - Mit welcher inneren Einstellung begegnet man Ihrer Präsentation?
> - Versetzen Sie sich in Ihr Publikum – holen Sie die Teilnehmer auf deren Niveau ab.
>
> Was?
> - Was wollen Sie in der Präsentation transportieren?
> - Konzentrieren Sie sich auf das Wesentliche.
> - Überlegen Sie sich klare Argumentationen.
> - Bereiten Sie sich auf Gegenargumente vor.
>
> Wo?
> - Wo gehe ich hin, wen treffe ich dort?
>
> Wie?
> - Welche Kleidung trage ich?
> - Welche Medien setze ich ein?
> - Welche Sprache wähle ich?
> - Welche Definitionen sind erforderlich?
> - Wie kann ich die Auswertung visuell darstellen?
> - Wie kann ich alle fünf Sinne ansprechen?
> - Wie erzeuge ich Spannung beim Publikum?
> - Wie viel Zeit habe ich zur Verfügung?

Es ist nicht immer einfach. Sie selbst sind zu 100 % von Feng-Shui überzeugt, **Ihre Gegenüber leider nicht immer.** Ich habe es selbst schon erlebt, dass ein Kunde eher auf eine Farbberatung gehofft hat und sich auf meine Ausführungen zu den anderen Themen in seiner Wohnung oder Büro nicht einlassen wollte. Ich wünsche Ihnen, dass Ihre **Kunden so begeistert sind,** dass sie einer Umsetzung Ihrer Vorschläge zustimmen. **Diese Momente sind einfach klasse!**

Tja – und dann!
Sie kommen mit Ihren kalkulierten Zeiten nicht hin.
Bis zur Berechnung und Präsentation war alles klar, aber nun ruft der Kunde wieder und wieder an und Sie sollen noch mal vorbeikommen, weil etwas übersehen wurde. Alles kein Problem – »Nachbesserungen« gehören zum Geschäft. Doch ab wann sollten solche »Extras« berechnet werden?

Da kann ich nur raten: »Reden Sie Klartext!«

Wenn es nicht an der Auswertung und Ihrer Präsentation liegt, die so unverständlich daherkommt, sollten Sie ab einem bestimmten Zeitpunkt klar zum Ausdruck bringen, dass diese Extraleistungen auch mit Extrakosten verbunden sind.

Das ist im Geschäftsleben normal. Schließlich können Sie auch nicht erwarten, dass der Handwerker Ihr Schlafzimmer für den Angebotspreis anschließend noch mittapeziert, nur weil er für das Wohnzimmer engagiert war. Auch hier können Sie sich darauf verlassen, dass er Ihnen einen sogenannten Nachtrag für die zusätzlichen Kosten nennt – wenigstens als »Hausnummer« – und das sollten Sie auch tun.

Versuchen Sie, eine **Win-Win-Situation** zu schaffen. Für alle Extrawünsche, die auftauchen – gerade wenn es um die Einrichtung geht –, sollten Sie eine ungefähre Kostenangabe machen und gleichzeitig Vorschläge unterbreiten, die evtl. wieder zu Kosteneinsparungen seitens des Kunden führen. Ein guter Umgang mit Kunden beinhaltet schließlich die **Pflicht zur Beratung.** Oft ergibt sich hier die Möglichkeit, sich doch für die größere Lösung, wie etwa einen Durchbruch der Wände, zu entscheiden.

Und wenn es bei der kleinen Lösung bleibt – auch gut. Schließlich wollen wir ja unsere Beratungsleistung verkaufen und haben diese auch kalkuliert. Ich persönlich finde es immer ganz schlimm, wenn manche Kollegen dann ihren Koffer aufmachen, um irgendwelche **»notwendigen« Extras** mitzuverkaufen.

Gratis ist nicht umsonst!

Bleiben noch die Extras, die nichts extra kosten. Diese kalkuliere ich anders, denn es bleibt immer auch für mich etwas übrig. Wenn der Kunde **für mich langfristig oder als Einstieg in eine neue Branche interessant** ist, gewähre ich gerne kostenfreie Extras. Es erweist sich häufig als rentabler, einem konkreten Kunden ein Extra obendrauf zu gönnen, als vielen potenziellen Kunden ein Angebot zu schreiben. Beides kostet Zeit, aber die Wahrscheinlichkeit, dass hier **ein Folgeauftrag winkt,** ist bedeutend höher, als einen Neukunden zu gewinnen.

Natürlich müssen Sie dabei stets im Auge behalten, **was und wie viel** Sie als kostenfreie Extraleistung bieten. Sagen Sie dem Kunden **deutlich**, was die Zusatzleistung **wert ist**.

■ **Die Verwaltung Ihrer Kundenadressen**

Natürlich können Sie sich auch eine teurere externe Adressenverwaltung kaufen, doch für den Anfang reichen die Tools von Microsoft Outlook, das sicher auch auf Ihrem PC vorhanden ist. Es beinhaltet eine **vollständige Adressverwaltung**. Mit MS Outlook können Sie auch mehr als nur Adressen speichern. Es gibt die Möglichkeit, Geburtstage einzutragen, Memos zu hinterlegen und benutzerdefinierte Felder anzulegen.

- **Eingegebene E-Mail-Adressen können Sie zum Versenden von E-Mails verwenden.**
- **Mit MS Word können Sie automatisch Briefe bzw. Serienbriefe mit Adressen aus MS Outlook erstellen.**
- **Sie können Kontakte gruppieren. Diese Kategorie lege ich Ihnen besonders ans Herz. Sortieren Sie Ihre Kontakte in Kunden, Beraterkollegen, Seminarteilnehmer etc. – Mehrfachzu-**

ordnungen sind möglich (z. B. kann ein Seminarteilnehmer auch ein Beraterkollege sein).

- Mit einer Verteilerliste können Sie eine E-Mail-Nachricht an alle Mitglieder der Liste gleichzeitig verschicken.

Darüber hinaus gibt es auch noch folgende Möglichkeit:

- In der Outlook-Adressverwaltung können Sie alle Aktivitäten eines Kontakts darstellen (Dialogfenster ***Kontakt***, Register ***Aktivitäten***).

> ▶ **Mein Tipp:**
> Entrümpeln Sie auch hier von Zeit zu Zeit und verwalten Sie die Dateien auf Ihrem PC übersichtlich.

Ablagetechniken und Aufbewahrungsfristen

Arbeiten Sie von Anfang an mit einer durchdachten Ablagetechnik. Das sollte uns Feng-Shui-Entrümplungsprofis nicht schwerfallen. Ob Sie Hängemappen oder Ordner mit Registern benutzen – bleiben Sie von Beginn an stringent dabei und **legen Sie kategorisch** alles ab.

Denken Sie an ausreichend Schränke zum **Aufbewahren**. Trotz regelmäßigem Sortieren kommt mit den Jahren immer mehr zusammen: Farbkarten, Kundenordner, Kataloge. Zudem sind aus steuerrechtlichen Gründen sämtliche Bücher und Aufzeichnungen aufzubewahren, die **für die Besteuerung von Bedeutung** sind. § 147 Abs. 1 AO nennt im Einzelnen folgende Unterlagen:

- Bücher und Aufzeichnungen,
- Inventare,
- Jahresabschlüsse bestehend aus Bilanz sowie Gewinn- und Verlustrechnung,
- Lageberichte,
- Eröffnungsbilanz,
- die zum Verständnis dieser Unterlagen erforderlichen Arbeitsanweisungen und sonstigen Organisationsunterlagen,

- Buchungsbelege,
- sonstige Unterlagen, soweit sie für die Besteuerung von Bedeutung sind.

Wie lange muss man aufbewahren?

Die Aufbewahrungsfrist für Bücher und Aufzeichnungen, Jahresabschluss, Inventare, Eröffnungsbilanz, Buchungsbelege und Rechnungen beträgt **zehn Jahre**. Für alle anderen aufbewahrungspflichtigen Geschäftsunterlagen gelten **sechs Jahre.** Die **Frist beginnt** stets **mit Ablauf des Kalenderjahres**, in dem die letzten Eintragungen, Änderungen oder Handlungen in den jeweiligen Unterlagen vorgenommen wurden. Bei Vertragsunterlagen beginnt die Frist nach Ablauf des Vertrages.

In welcher Form müssen Unterlagen aufbewahrt werden?

Für die Aufbewahrung sind gesetzlich folgende Formen vorgeschrieben bzw. zugelassen:

- Jahresabschlüsse, Eröffnungsbilanzen und Unterlagen sind im Original aufzubewahren.
- Handels- und Geschäftsbriefe sowie Buchungsbelege sind so aufzubewahren, dass ihre Wiedergabe bildlich mit dem Original übereinstimmt.
- Bei allen anderen aufbewahrungspflichtigen Unterlagen reicht die inhaltliche Wiedergabe aus.

(Stand: August 2011 – Bitte entnehmen Sie evtl. Änderungen dem Internet oder fragen bei Ihrer zuständigen IHK nach.)

10. Die Abrechnung

- **Endkalkulation**

Kalkulieren Sie nach, wenn Sie fertig sind. Keine Sorge, meistens brauchen Sie am Anfang länger für die Berechnung als für die Beratung. Das wird mit zunehmender Erfahrung leichter und besser. Sie erhalten durch die Endkalkulation einen genauen Überblick über Ihre Stunden und Ihren geleisteten Materialeinsatz wie Büromaterial, Druckerpapier, Druckerpatronen, Präsentationsmappe u. Ä. Das hilft bei der Kostenkalkulation für den nächsten Kunden.

- **Rechnungsstellung**

Ich gehe natürlich davon aus, dass Sie eine Rechnung für Ihre geleisteten Dienste stellen werden, oder? Es gibt anscheinend »Kolleginnen und Kollegen«, die auf eine alte, unechte Tradition bestehen und ihr Geld ohne Rechnung in einem roten Umschlag überreicht haben wollen. Mir persönlich ist ein Scheck oder eine Überweisung in guter alter europäischer Tradition ohne New-Age-Marketing-Gimmicks lieber. Zusätzlich würde ich Ihnen raten, bei größeren Aufträgen mit Abschlagszahlungen zu arbeiten.

Pflichtangaben auf Rechnungen

Eine korrekte Rechnung muss aus folgenden Angaben bestehen:

- vollständiger Name und Anschrift des Rechnungsempfängers,
- Ihr vollständiger Name nebst Anschrift,
- Ihre Steuernummer oder USt-IdNr.,
- Schriftzug »Rechnung« oder entsprechende Bezeichnung in der verwendeten Sprache,
- Datum der Rechnungserstellung (Rechnungsdatum),
- eindeutige Rechnungsnummer,
- Bezeichnung der erbrachten Leistung,

- Datum der Leistung,
- nach Steuersätzen aufgegliederte Nettobeträge,
- nach Steuersätzen aufgegliederte Steuerbeträge mit Steuersatz oder Hinweis auf eine Steuerbefreiung,
- im Voraus vereinbarte Minderungen des Entgelts bzw. der Hinweis darauf (z. B. Rabatte),
- bei privaten Rechnungsempfängern der Hinweis auf die zweijährige Aufbewahrungspflicht der Rechnung,
- bei innergemeinschaftlichen Leistungen ins Ausland: die eigene USt-IdNr. und die USt-IdNr. des Rechnungsempfängers,
- Ihr gewünschtes Zahlungsziel,
- Ihre Bankverbindung.

Special: Heike Eberle

Die schönste Rechnung ist die, die schnell bezahlt wird.

Eine Rechnung kann noch so schön gestaltet werden, wenn sie nicht rechtzeitig bezahlt wird. Deshalb empfehle ich Ihnen, auf jeder Rechnung ***ein Zahlungsziel*** zu formulieren. Gerade diese Angabe wird vom Gesetzgeber nicht vorgeschrieben, doch hat sie die größte Zahlungswirkung. Achten Sie bitte auch darauf, die Zahlungszielangabe so konkret wie möglich zu formulieren:

»Bitte zahlen Sie bis spätestens zum xy-Datum.«

Schwammige Zahlungsziele lassen mehr Spielraum und werden gerne ausgenutzt.

Noch schlimmer: Lassen Sie das Zahlungsziel vollständig weg, laufen Sie in die 30-Tage-Zahlungsfalle: Viele Menschen meinen zu glauben, dass Rechnungen spätestens nach 30 Tagen bezahlt werden müssen, ohne dass ihnen »irgendetwas passiert«. Das ist eine Mär.

Außerdem: Wer eine Rechnung stellt, sollte für gute Leistung auch eine schnelle Gegenleistung erhalten. Achten Sie auch bei sich selbst darauf, dass Sie Ihre Eingangsrechnungen gleich bezahlen, so werden Sie ebenfalls spüren, dass Ihre

Kunden Ihre Rechnungen pünktlich zahlen – außerdem zahlen begeisterte Kunden in null Komma nichts.

■ **»Das Leben ist nicht immer fair«**
Dank Ihrer Feng-Shui-Beratung konnte der Kunde seinen Umsatz enorm steigern, nur Ihr Geldbeutel profitiert nicht davon. In diesen Fällen kommt es häufig zu einem Widerstreit der Empfindungen: Einerseits haben Sie das Gefühl, dass Sie Ihre Leistung ordnungsgemäß erbracht haben, weshalb Sie auch die vereinbarte Vergütung erwarten dürfen. Andererseits können Sie es nachvollziehen, dass sich die finanzielle Situation Ihres Kunden gerade in einer Schieflage befindet. Gerade Frauen fällt es erfahrungsgemäß oft schwer, die eigenen Interessen durchzusetzen.

Special: Heike Eberle

Mit Ihnen habe ich noch eine Rechnung offen!
Leider gibt es immer wieder Kunden, die nicht zahlen wollen oder können. Meine Erfahrungen diesbezüglich sind: Mit einer Standardmahnung erreichen Sie nicht mehr, als dass Ihr Schreiben in der Papierablage landet. Hier gilt es, andere Wege einzuschlagen.

1. Ein witziges Mahnschreiben losschicken. Sobald Sie mit Ihrem Kunden persönlich in der schriftlichen Kommunikation sind, erreichen Sie auch eher dessen »Gewissen« und damit eine Reaktion. So habe ich kürzlich gelesen, dass ein kluger Geschäftsmann in den Mahnbetreff schrieb: »Mit Ihnen habe ich noch eine Rechnung offen.« Dies nett in einen Text eingebettet, löst ein Augenzwinkern beim Empfänger aus – und das ist gerade beim Mahnen eine sinnvolle Begleiterscheinung, die Wunder wirkt.
2. Persönlich telefonieren. Mit dieser »Mahnaktion« habe ich die besten Erfahrungen rund um das Handwerk gemacht. Ich rufe meine säumigen Kunden gerne an, um dies mit einem Feedback-Plausch zu verbinden. Oft drucksen Menschen gerade bei dem Pflichtprogramm »Forderung eintreiben«

> lange Zeit herum, bevor Sie in die Gänge kommen. Der Grund: Ihnen ist es peinlich, den Kunden auf die Zahlung hinzuweisen. Da bleibt mir nur zu erwidern: Meine lieben Damen und Herren, es ist Ihr gutes Recht, auf Ihre Leistung schnell Ihre Gegenleistung zu erhalten. Schließlich haben Sie sich ins Zeug gelegt. Wenn Sie diese Einstellung an den Tag legen, wird Ihr »Mahngespräch« ein lockeres und fruchtbares Gespräch, sodass Sie schnell zu Ihrer Zahlung kommen. Vorausgesetzt, Ihr Kunde kann zahlen.

Wenn die Empfehlungen von Heike Eberle **nicht fruchten,** sollten Sie sich externe Unterstützung suchen. Ein guter Anwalt hilft Ihnen, und je früher Sie tätig werden, desto größer sind Ihre Chancen, Ihr Geld zu bekommen. Abgesehen vom Ärger kann eine Häufung von Zahlungsrückständen auch Ihr eigenes Unternehmen, vor allem am Anfang, finanziell in eine Krise stürzen. Zudem können Sie die Kosten der anwaltlichen Beauftragung im Falle des Verzugs bei Ihrem Kunden grundsätzlich als sog. Verzugsschaden geltend machen. Weiterhin müssen Sie sich nicht mit rechtlichen Detailfragen herumschlagen. Der Anwalt findet schon heraus, in welcher Höhe die Verzugszinsen geltend zu machen sind. Sie haben dann wieder Zeit, sich um **besser zahlende Kunden zu kümmern!** Darüber hinaus signalisiert die Einschaltung eines Anwalts, dass Sie es ernst meinen. In vielen Fällen genügt bereits ein einmaliges anwaltliches Mahnschreiben oder gar ein Telefongespräch, um bei zahlungsunwilligen Kunden einen Meinungsumschwung herbeizuführen. Zahlungsrückstände stellen häufig nicht nur ein wirtschaftliches Risiko, sondern auch eine emotionale Belastung dar. Die Einschaltung eines Anwalts hilft Ihnen in diesem Fall, Ihre wirtschaftlichen Interessen durchzusetzen und den Kopf wieder freizubekommen.

▶ Mein Tipp:
Anzahlungen und Abschlagszahlungen vereinbaren, dann ist der Streitwert am Schluss nicht so hoch.

Die Buchhaltung – ungeliebt und notwendig

> *»Zwei Gangarten hat das Geld: Es kommt langsam und geht schnell.« (Verfasser unbekannt)*

Die Buchhaltung gehört zu den ungeliebtesten Aufgaben von Selbstständigen. Sämtliche **Belege** über Einnahmen und Ausgaben sowie Kontoauszüge müssen selbstverständlich gesammelt werden: Sie **bleiben aber im eigenen Büro!** Da Freiberufler und Kleinunternehmer außerdem nicht zur kaufmännischen (»doppelten«) Buchführung verpflichtet sind, hält sich der Papierkram für die Einkommensteuererklärung in recht engen Grenzen: Bestimmte Vorschriften über die Form der laufenden Aufzeichnungen gibt es bei der **Einnahmenüberschussrechnung** (EÜR) nicht. Solange Ihre Betriebseinnahmen 17.500 Euro pro Jahr nicht überschreiten, müssen Sie auch am Jahresende bei der Gewinnermittlung keine bestimmten Vorschriften beachten. Sind die Einnahmen höher, ermitteln Sie Ihren steuerlichen Gewinn (oder Verlust) mithilfe eines amtlichen Formulars.

Ablage-Organisation

▶ Wer seine Belege laufend sortiert, ist klar im Vorteil: Mit den folgenden Tipps zur Organisation Ihrer Rechnungen, Quittungen und Kontoauszüge erleichtern Sie sich die Vorbereitung der Steuererklärung am Jahresende beträchtlich.

Die Form der Belegsammlung und die Art Ihrer Aufzeichnungen sind bei der Einnahmenüberschussrechnung **nicht an eine bestimmte Form gebunden**. Ich kann Ihnen nur empfehlen – gewöhnen Sie sich schon zu Beginn an eine geordnete Ablage. Mit dem sprichwörtlichen Schuhkarton tun Sie sich **keinen** Gefallen: Spätestens Ende des Jahres müssen Sie das Ganze nun doch noch mühsam sortieren und auswerten.

Außerdem haben Sie nur mit einer geordneten Ablage den **laufenden Überblick** über den wirtschaftlichen Erfolg und die Zahlungsfähigkeit Ihres Unternehmens.

Umsatzsteuer

Vielleicht müssen Sie sich ja überhaupt keine Gedanken um die Umsatzsteuer machen: Falls Ihr Umsatz im Gründungs- bzw. Vorjahr **17.500 Euro nicht überschritten** hat und im laufenden Kalenderjahr **50.000 Euro** voraussichtlich **nicht übersteigen wird**, gelten Sie umsatzsteuerlich als **»Kleinunternehmer«** und müssen keine Mehrwertsteuer auf Ihre Ausgangsrechnungen aufschlagen. Allerdings können Sie sich umgekehrt auch nicht die Vorsteuer vom Finanzamt erstatten lassen. Bei Existenzgründern gilt in Ermangelung eines »Vorjahres« übrigens nur die Umsatz*erwartung* des laufenden Jahres (alle Angaben Stand: August 2011).

▶ **Mein Tipp:**
Der Steuerberater ist hier die erste Wahl!

11. Die Nachbetreuung

■ **»Unterschiede machen, die Unterschiede machen.«**
Sie haben Ihr Geld erhalten. Eigentlich ist das Geschäft jetzt abgewickelt und die ersten Einnahmen sind verbucht. Bei mir hört die Betreuung dann aber nicht auf. **Rufen Sie den Kunden nach ein paar Tagen noch mal an** und fragen Sie, ob er mit der Auswertung zurechtgekommen ist.

Hier können die kuriosesten Dinge passieren: Nach der erfolgten Beratung in einem Privathaus und der folgenden Umgestaltung war ich noch einmal vor Ort. Es waren all meine Optimierungsmaßnahmen umgesetzt worden. Dann kamen wir ins Arbeitszimmer. Dort hatte ich auf dem Plan eine Pflanze eingezeichnet, um das vorhandene Schreibtischeck zu kaschieren. Ich hatte dabei eine große Pflanze im Kopf gehabt und musste lächeln, als ich sah, dass die Kundin ein Alpenveilchen ans Eck gestellt hatte. Das sah zwar nett aus, hatte aber leider nicht die gewünschte Auswirkung.

Seither mache ich das jedes Mal. Sie wissen ja am besten, wann und ob der Kunde mit der Umgestaltung seines Hauses oder Büros beginnen will. Die Änderungen, die nach Ihrer Beratung vorgenommen werden, können viel bewirken. Zimmer innerhalb von Familien werden getauscht, Führungskräfte sitzen plötzlich an der richtigen Stelle, es kommt vielleicht erst mal zu Streit und Kündigungen, bevor die Harmonie einzieht. Fragen Sie nach, ob Sie noch einmal vorbeikommen sollen oder ob Sie Ihrem Kunden anderweitig helfen können.

Seien Sie für ihn da! Das bindet ihn auch emotional – unabhängig von einer guten Beratungsleistung – an Ihr Unternehmen.

Und was mir sehr am Herzen liegt: War vor Ihnen schon einmal ein Kollege vor Ort, reden Sie bitte nicht negativ über dessen Optimierungsvorschläge. Das fällt auf Sie selbst zurück. **Erklären Sie lieber genau, weshalb Sie die Beratung anders angehen.**

- **Tue ein Übriges:**

Hier gibt es einige Möglichkeiten. Sie haben die Geburtsdaten Ihrer Kunden vorliegen und damit die Möglichkeit, an diesem Tag Ihrem Kunden eine besondere Aufmerksamkeit zukommen zu lassen – in Form einer E-Mail, einer besonders schönen Geburtstagskarte oder eines kleinen Geschenks.

Hier gilt: Auch im Geschäftsleben drücken wir über Karten und Geschenke den Status und die Wichtigkeit unserer Beziehung aus. **Bleiben Sie bei den Geschenken aber in einem angemessenen Rahmen.** Denken Sie daran, dass beim Kunden der Eindruck entstehen könnte, dass er diese Großzügigkeiten »mitfinanziert« hat. Überlegen Sie, welches Geschenk den persönlichen Interessen des Beschenkten am besten entspricht. **Individuelle Geschenke wirken immer persönlicher.** Geschenke müssen übrigens nicht persönlich überreicht werden.

> Special: Heike Eberle
> **Ein Zuckerl obendrauf**
> Den Unterschied im Business macht der Service. Wenn Ihre Dienstleistung austauschbar ist, dann entscheidet entweder nur der Preis oder das gewisse Extra, das Sie Ihren Kunden bieten können. Seien Sie nicht sklavisch mit Ihren angebotenen Leistungen und lassen Sie auch mal fünf gerade sein, wenn Ihr Kunde Sie um einen Zusatzgefallen bittet. Nicht immer sollten Sie gleich zur Rechnung greifen. Richten Sie gedanklich eine Gefälligkeitsbank in Ihrem Kopf ein. Dort verankern Sie, was Sie Ihrem Kunden Gutes tun. Belohnt Ihr Kunde Sie mit Aufträgen, ist dieses Gefälligkeitskonto ausgeglichen.
> Nutzt Ihr Kunde Ihren Service und Ihre Einstellung aus, sollten Sie natürlich andere »Bandagen« anlegen.

▶ Mein Tipp:
Als gute Gedankenstütze bietet sich das Führen einer **Geschenke- und Interessendatei** an, damit Sie in den kommenden Jahren den Überblick behalten.

12. Vorträge; Seminare; Workshops

Es kommt die Zeit, da man vom anfänglichen Nein zum Vortrag oder zum Seminar erst ein Vielleicht verspürt und durch die Faszination Feng-Shui dann doch das Bedürfnis hat, dieses Wissen weiterzugeben.

▪ Gute Vorträge begeistern die Menschen

Gerade Vorträge sind ein gutes Medium, um sich, seine Kenntnisse und seine Firma zu präsentieren.

Die Frage ist nur: »Wo und Wie«?

Wie sind Sie aufgestellt? Wo wollen Sie hin? Sie können z. B. in vielen Läden Vorträge anbieten. Esoterikläden sind immer froh (denken Sie an Ihr Image!), aber auch Betten-, Möbel- und Einrichtungshäuser bieten sich für den Anfang an, etwa mit dem Thema: »Besser Schlafen«.

Auch bei einer Messe existiert so gut wie immer die Möglichkeit, durch einen Vortrag zusätzliche Aufmerksamkeit zu erhalten.

Zudem bieten Netzwerke wie XING, BNI etc. ihren Mitgliedern immer wieder mal an, bei Treffen Kurzreferate zum Thema des jeweiligen Mitglieds zu halten.

So – nun haben Sie die Zusage – dann kann es ja losgehen ...

Sie gehören zu den 5 % der Bevölkerung, denen es nichts ausmacht, vor fremden Leuten zu stehen und über ein Thema wie Feng-Shui zu referieren und einfach aus dem Stegreif etwas aus dem Hut zu zaubern? Chapeau!!

Sehr wahrscheinlich geht es Ihnen aber so wie den restlichen 95 %, und spätestens eine Woche davor fragen Sie sich: »Was habe ich mir da nur angetan?«

Dann sitzen Sie sicher schon an Ihrer PowerPoint-Präsentation oder Ihren geschriebenen Zetteln und haben zum mindestens zehnten Mal alles abgeändert und teilweise verworfen.

Ganz ehrlich – ich hatte vor meinem ersten Vortrag Schweißausbrüche und konnte nicht mehr richtig schlafen.

Er fand im Rahmen einer Veranstaltung des Bundesverbandes mittelständischer Wirtschaft statt. Thema: **»Klimawechsel der besonderen Art«**. Nein, es ging nicht um die Menopause, sondern um das Betriebsklima in Firmen, und es waren ca. 30 Zuhörer im Raum. Ich war die zweite Rednerin nach einer Klassefrau, einer langjährigen Trainerin, für die Vorträge ein Klacks sind und die dastand und völlig frei, ohne ein Blatt Papier, referierte. Ich wurde ganz klein auf meinem Stuhl.

Sie gab mir den guten Rat: »Sagen Sie einfach, dass es Ihr erster Vortrag ist – und tiiiieeef durchatmen.« Das habe ich dann auch befolgt, und siehe da – es funktionierte. Hilfreich waren natürlich die PowerPoint-Präsentation, an der ich mich entlanghangeln konnte, und ein Publikum, das mir und meinem Thema sehr positiv gegenüberstand. »Dumme« Rückfragen hätte ich an diesem Abend wahrscheinlich nicht gut ertragen.

Tipps für einen erfolgreichen Vortrag:

- Gut vorbereiten!
- Denken Sie beim Vorbereiten daran, wer Ihr Publikum ist – gerade bei Feng-Shui. Sind es Handwerker oder esoterisch angehauchte Menschen?
- Wie wurden Sie angekündigt – welche Erwartungen hat Ihr Publikum?
- Kommen Sie auf den Punkt und schwafeln Sie nicht rum.
- Sie arbeiten mit PowerPoint? Prima! Bilder sagen definitiv mehr als tausend Worte!
- Stimmen Sie von vorneherein die Zeit ab, die Sie zur Verfügung haben.
- Geben Sie den fertigen Vortrag einer unabhängigen Seele zum Durchlesen und beachten Sie etwaige Einwände – falls möglich, diskutieren Sie sachlich.

- Tragen Sie den Vortrag mindestens einmal laut vor und stoppen Sie die Zeit.
- Lassen Sie Ihren Vortrag reifen wie einen Wein – nicht so lange, aber drei Tage, und dann schauen Sie sich Ihr Skript noch mal an – Sie werden staunen!
- Kommen Sie auf jeden Fall mindestens eine halbe Stunde früher.
- In punkto Kleidung bitte auch daran denken: »Wo spreche ich heute?« – Passen Sie sich an und legen Sie ggf. klirrende Armreife ab.
- Prüfen Sie bei sich zu Hause/im Büro Laptop, Beamer, Kabel und dann noch einmal vor Ort – dort bitte auch das Mikrofon.
- Nehmen Sie einen Fotoapparat mit und denken Sie daran, Fotos machen zu lassen, wenn Sie zittrig vorne stehen – das sind tolle Bilder für Ihre Internetseite.
- Atmen Sie kräftig ein und aus, bevor es losgeht – ich weiß, es ist leicht gesagt, aber entspannen Sie sich etwas.
- Reden Sie langsam, deutlich und laut!
- Denken Sie auch an Ihre Körpersprache.
- Seien Sie im Kontakt mit dem Publikum.
- Und – Sie dürfen Fehler machen: Versprecher und Aussetzer sind normal, menschlich und sympathisch.

Und wenn Sie nach dem Vortrag dasitzen und denken: »Das hätte ich noch sagen können, und das habe ich vergessen« – Schwamm drüber! Die Zuhörer wussten doch gar nicht, dass Sie noch etwas sagen wollten und haben das ganz sicher nicht bemerkt!

Erfolgreiche Seminare brauchen Visionen

Eines meiner ersten Seminare dauerte tatsächlich ein gesamtes Wochenende. Der Titel: **»Farbe und Feng-Shui«**. Da mir das Thema »Farbe« als Malermeisterin ohnehin am Herzen liegt, war mir eigentlich klar: **Das kann ich**. Klar konnte ich das, aber ich war mir nicht bewusst, dass das Ausarbeiten so viel Zeit beanspruchen würde. Ich bin eine Perfektionistin und strebe stets 100 % an, was die Ausarbeitung nicht ganz einfach macht. Doch dann war es endlich so weit. Ordner und Kopierpapier war reichlich vorhanden, das dickere Papier zum Drucken der Zertifikate ebenfalls. Mit schöner Regelmäßigkeit spuckte der Drucker die Bögen aus und wollte nach dem zweiten Ordnerinhalt nicht mehr. Toll! Es war Freitagabend und ich wusste, am nächsten Morgen würde ich alles brauchen. Eine halbe Stunde hatte ich noch, bis der Copyshop schließen würde. Also packte ich meinen USB-Stick und fuhr in die Stadt, wo der Inhaber des Shops nicht gerade erfreut war, dass ich noch kurz vor Schluss mit meinem Wunsch nach so viel Kopien ankam. Aber es ging gut und ich konnte am nächsten Tag mit meinen Unterlagen punkten. Das ist mir nur dieses eine Mal passiert – seither habe ich eigene Seminarunterlagen spätestens zwei Tage vor Beginn fertig im Büro liegen. Bei dem Seminar war übrigens irgendwie der Wurm drin. Es fand im Januar statt und wir hatten am Samstag noch bestes Wetter. Beim Aufstehen am Sonntagmorgen waren 15 Zentimeter Schnee gefallen und mein Seminarort auf dem Hügel über Baden-Baden war erst mal nicht erreichbar. Eine Teilnehmerin kam gar nicht mehr in die Stadt, weil sie auswärts übernachtet hatte, und holte die verpassten Seminarteile später nach. Seither kann ich sagen: »Ein Seminar zu geben, **mit dem man *nur* Geld verdienen möchte**, ist nicht wirklich motivierend.« Geld habe ich an dem Wochenende mit dem Seminar keines verdient, aber an Erfahrung dafür sehr viel gewonnen. Meine Teilnehmer hatten gespürt, dass ich für **meine Themen brenne** und mich als glaubwürdig und authentisch bewertet. Sie kennen das sicher selbst auch: Menschen, denen eine Vision fehlt, können natürlich auch gute Seminare abhalten, aber die besten sind immer diejenigen, bei denen man das innere Feuer spürt. Deshalb sollten Sie nicht das x-te Basis-Feng-Shui-Seminar anbieten, sondern genau überlegen, welches Thema **gerade Sie** rund um Feng-Shui anbieten können.

- **Was sind denn Ihre Lieblingsthemen?**
- **Was motiviert Sie, Seminare anzubieten?**
- **Welchen Nutzen haben Teilnehmer, wenn Sie Ihre Seminare besuchen?**

Planen Sie Ihr Seminar so, dass es zu Ihrem

Biorhythmus, Ihrer Konstitution, Ihren Bedürfnissen und Ihrem Umfeld passt – und nicht umgekehrt.

Es besteht auch kein Grund, das Seminar am Wochenende anzubieten, nur weil das alle so machen. Vielleicht brauchen Sie die Zeit ja für Ihre Familie. Darum: Planen Sie doch lieber einen Werkstags-Workshop.

Gut geplant ist halb gewonnen

Das kann ich nur bestätigen. Planen Sie lange genug im Voraus. Sie brauchen genügend Zeit, um die Veranstaltung zu bewerben. Beginnen Sie am besten regional mit Ihren ersten Seminaren und Workshops. Mit zunehmender Erfahrung können Sie dann auch überregional als Anbieter fungieren. Überlegen Sie sich einen guten Titel. Wie gesagt, es gibt schon genug Basis-Feng-Shui-Seminare.

Wenn Sie Ihre Seminare auch über E-Mails bewerben, kann Ihnen ein guter Titel ebenfalls dabei helfen, dass gelesen und nicht gleich gelöscht wird.

Beachten Sie bitte, dass es juristisch untersagt ist und zu Abmahnungen führen kann, Menschen ohne deren ausdrückliche Einwilligung anzuschreiben!

Denken Sie beim E-Mail-Versand an die angekündigten, nicht zu Kilobyte-lastigen Anhänge und versenden Sie die **E-Mails nie unter Zeitdruck**. Bei größeren Verteilern schicken Sie bitte immer eine E-Mail an sich selbst – und das lieber zwei- oder dreimal, bis wirklich alles passt.

Machen Sie niemals eine Verteilergruppe öffentlich. Dafür gibt es das BCC (Blind Carbon Copy).

Ich habe, wie bereits erwähnt, den Aufwand zu Beginn auch gehörig unterschätzt. Ein Seminar gut aufzubereiten, kann Tage dauern (und die Nächte noch dazu). Alles, was Sie im Kopf haben, muss niedergeschrieben und in eine verständliche Form gebracht werden. Sie brauchen:

- eine sehr gute Präsentation für sich als Dozent,
- eine gedruckte Version für jeden Ihrer Teilnehmer.

Bitte verwenden Sie keine Kopien von anderen, die sie mit eigenem Namen versehen. Fehlende und schlecht kopierte Blätter, oft aus dem Zusammenhang gerissen, sind mir im Leben genug untergekommen und hinterlassen einen sehr schlechten Eindruck

Ich würde empfehlen, am Anfang erst einmal mit einem oder maximal zwei Seminaren zu starten und damit Erfahrung mit dem Seminaraufbau und der Seminarvermarktung zu gewinnen. Im Anhang finden Sie einen Auszug an Adressen, wo Sie Ihre Seminare und Workshops im Internet bewerben können.

Der Seminarort

Bitte sorgen Sie für einen Seminarort, bei dem Sie nicht dauernd erklären müssen: »Stellen Sie sich vor, Sie hätten hier einen sogenannten Ming Tang, ein richtiges Backing und passende Farben.« Das ist von Anfang an dem Ergebnis des Seminars abträglich.

Tipps für ein erfolgreiches Seminar/einen erfolgreichen Workshop:

- Beginnen Sie rechtzeitig mit der Erstellung der Seminarunterlagen.
- Denken Sie an die Erstellung von Zertifikaten.
- Sorgen Sie für nötiges Zubehör wie Farbkarten, Bücher, Anschauungsobjekte etc.
- Erstellen Sie einen Bewertungsbogen für Ihre Teilnehmer.
- Bleiben Sie im Kontakt mit dem »Seminarort« – geben Sie rechtzeitig die Zahl der Teilnehmer an.
- Achten Sie auf die Stellung der Tische – Sie brauchen als Dozent den besten Platz im Raum.
- Denken Sie an Ihre Seminarwerkzeuge – am besten einen Dozentenkoffer. Vor Ort benötigen Sie einen Flipchart und wenigstens eine weiße Wand für den Beamer.
- Glauben Sie erst an »Der Beamer ging gestern noch«, wenn Sie es selbst ausprobiert haben.

- Sorgen Sie für Getränke und Snacks.
- Geben Sie das fertige Skript einer unabhängigen Seele zum Durchlesen und beachten Sie etwaige Einwände.
- Kommen Sie auf jeden Fall mindestens eine halbe bis eine Stunde früher.
- Prüfen Sie Laptop und Kabel bei Ihnen zu Hause/im Büro und dann noch einmal vor Ort – dort bitte auch das Mikrofon.
- Denken Sie an Ihre Körpersprache.
- Und – Sie dürfen Fehler machen: Versprecher und Aussetzer sind normal, menschlich und sympathisch.
- Haben Sie Mut zur Lücke!
- Geben Sie sich ganz natürlich!
- Sprechen Sie Ihre Teilnehmer mit ihren Namen direkt an.
- Nehmen Sie die Fragen Ihrer Teilnehmer ernst.
- Sprechen Sie dynamisch, seien Sie überzeugt von sich.
- Sprechen Sie nicht zu schnell!
- Sprechen Sie nie zur Tafel.
- Legen Sie Sprechpausen ein.
- Vermeiden Sie Floskeln.
- Halten Sie Blickkontakt zu allen Zuhörern.
- Nehmen Sie einen Fotoapparat mit und denken Sie daran, Fotos machen zu lassen.

Eine geniale Methode, an Workshops teilzunehmen, bieten **sogenannte Online-Workshops**. Das kennen Sie noch nicht? Ich nutze diese Form der Weiterbildung regelmäßig und überlege, selbst in absehbarer Zeit Online-Workshops anzubieten.

■ Online-Workshops – so funktioniert's:

Im Online-Workshop nutzen Sie als Teilnehmer oder Workshop-Leiter das Internet als Seminarraum.

Die Vorteile liegen auf der Hand:

- Sie müssen keine langen Anfahrtswege auf sich nehmen, und Hotelübernachtungskosten entfallen. Das ist sowohl zeitlich als auch monetär vorteilhaft.
- Die Lern- und Übungsmaterialien zum Workshop können Sie einfach und bequem auf Ihren PC herunterladen und dann in Ruhe lesen, ausdrucken und bearbeiten – ganz so, wie es für Sie passt.
- Sie erhalten Informationen, Tipps, Aufgaben und Übungen, die Sie individuell verwerten und bearbeiten können. Ihre Ergebnisse besprechen Sie dann mit den anderen.
- Ihr Workshop-Leiter begleitet Sie während des Workshops persönlich und damit zielgenau. Er geht zeitversetzt auf Ihre Fragen und Übungsergebnisse ein. Sie müssen also nicht zu einer bestimmten Zeit online sein und können immer dann mitarbeiten, lesen und antworten, wenn Sie Zeit haben.
- Der gesamte Ablauf und der Aufbau des Online-Workshops sind normalerweise so klar und einfach strukturiert, dass Sie gut zurechtkommen.
- Sie erhalten wie alle anderen Teilnehmer ein Passwort. Das ist Ihr Schlüssel zum virtuellen Seminarraum. Damit sind Sie Teil einer »geschlossenen Gesellschaft« – geschützt und exklusiv.
- Die Möglichkeiten des Internet bieten Ihnen einen lebendigen und gleichzeitig flexiblen Austausch: Sie sind nicht immer anwesend, aber voll dabei.

Diese Möglichkeit nutze ich für mich bereits seit ein paar Jahren. Gerade für Themen wie »Welches Netzwerk passt zu mir« von Sabine Piarry oder auch die »Lo-Pan-Schulung« online als Workshop von meiner geschätzten Kollegin Hedwig Seipel bieten eine geniale Form für Ihre eigene Weiterbildung. Und natürlich eine hervorragende Möglichkeit, eigene Themen als Workshop-Leiter anzubieten.

Im Anhang finden Sie meine Empfehlungen.

▶ **Mein Tipp:**

Wenn es Ihnen Angst einjagt, »in der Öffentlichkeit zu stehen«, dann lassen Sie sich von einem guten Coach helfen!

13. Der Ausgleich

> *»Wir müssen von Zeit zu Zeit eine Rast einlegen und warten, bis unsere Seelen uns wieder eingeholt haben.«* (Eine indianische Weisheit)

Ich möchte dieses Buch nicht schließen, ohne auf den Ausgleich zum neuen Beruf einzugehen. Ich bin selbst eine »Macherin« und gebe oft 120 %. Häufig wird mir empfohlen, weniger zu arbeiten. Allerdings – mir macht meine jetzige Arbeit einen solchen Spaß, dass ich es kaum erwarten kann, morgens an meinem Schreibtisch zu sitzen. Trotzdem nehme ich mir bewusst Auszeiten. Das möchte ich Ihnen auch empfehlen. **Denken Sie an Ihre Work-Life-Balance.** Weder der Beruf noch das Privatleben sollte so hoch angesiedelt sein, dass es daneben nichts mehr gibt. Es geht nicht um ein Entweder-Oder, sondern um das Nebeneinander beider Bereiche – unser bekanntes Yin-Yang-Prinzip! Damit kann das Hauptaugenmerk nach wie vor auf einem der beiden Lebensbereiche liegen. So ist es bei mir, aber es geht mir sehr gut dabei.

Wie jeder von uns ein **»ausgeglichenes Leben« definiert**, ist natürlich individuell verschieden.

14. Bücher

»Ich habe Journalisten nie gemocht. Ich habe sie alle in meinen Büchern sterben lassen.« (Agatha Christie)

»Erfolgreich Netzwerken«
Schluss mit Kundenjagd, Wettbewerbsangst und Co.
Sabine Piarry
ISBN 978-3-837-05662-4

Eigenlob stimmt
Erfolg durch Selbst-PR
Sabine Asgodom
ISBN 978-3-430-11086-0

Reden ist Gold
So wird Ihr nächster Auftritt zum Erfolg
Sabine Asgodom
ISBN 978-3-548-36761-3

Wa(h)re Herzlichkeit
Klaus Kobjoll
ISBN 978-3-280-05249-5

Praxisbuch Existenzgründung
Svenja Hofert
ISBN 978-3-866-68400-3

Nebenbei selbstständig
Karin Leppin – Konrad Mutafoglu
ISBN 978-3-869-10759-2

15. Hilfreiche Adressen

Berufsverbände:

Europäischer Feng Shui und Geomantie Berufsverband e. V.
Geschäftsstelle
Postfach 13 28
D-61453 Königstein
Tel.: +49 (0)1578-7378901
Fax: +49 (0)89-72059169
E-Mail: post@efgb.de
Internet: www.efgb.de

Berufsverband für Feng Shui und Geomantie e. V.
Friedenstraße 20
D-97072 Würzburg
Tel.: +49 (0)931-88065568
Fax: +49 (0)931-88065569
E-Mail: info@fengshui-verband.eu
Internet: www.fengshui-verband.eu

Online-Adressen für Gründer allgemein

www.existenzgruende.de
www.gewerbeanmeldungen.de
www.gruenderblatt.de
www.gruenderleitfaden.de
www.gruenderratgeber.de
www.handwerk.de
www.ihk.de
www.kfw-mittelstandsbank.de
www.mikrofinanz.de
www.STARTinformationen.de
www.gruenderinnenagentur.de

Online-Workshops besuchen oder selbst anbieten:

Workshop 365.de
Internet: www.workshop365.de

Lernplattform für Selbstständige

Internet: www.akademie.de

open webinars
Internet: www.openwebinars.com

Netzwerke
www.bvmw.de – Bundesverband mittelständischer Wirtschaft
www.bni.de – BNI®

Frauen-Netzwerke
www.bv-ufh.de – Unternehmerfrauen im Handwerk
www.vdu.de – Verband deutscher Unternehmerinnen
www.wbc-suedwest.de – WoMen's Business Club
www.win-community.de – W.I.N. Women in Network

Seminare und Workshops online anbieten:

www.therapeutenfinder.com
www.meinestadt.de
www.seminaranzeiger.de
www.sophia24.com
www.seminarportal.de
www.netzwerk-ganzheitlichkeit.de
www.seminar365.de
www.dozentenpool24.de
www.semigator.de
www.goyellow.de

Das macht es leichter:

CAD-Programme und Farbtonfächer

CAPAROL Farben, Lacke, Bautenschutz
Roßdörfer Straße 50
D-64372 Ober-Ramstadt
Tel.: +49 (0)6154-710
Fax: +49 (0)6154-711391
E-Mail: info@caparol.de

Brillux ... mehr als Farbe
Weseler Straße 401
D-48163 Münster
Tel.: +49 (0)251-7188-0
Fax: +49 (0)251-7188105
E-Mail: info@brillux.de

Feng-Shui-Programme:

fengshuiPC

Michael Rapp
Balanstraße 19
D-81669 München
Tel.: +49 (0)89-6886812
Fax: +49 (0)89-44718437
E-Mail: mail@fengshuiPC.de
Internet: www.fengshuipc.de

COSMA
Fatima Tschenett
Neue Wangserstraße 7
CH-7320 Sargans
Tel. +41 (0)81-7239107
E-Mail: atelier.sulai@bluewin.ch
Internet: www.cosma.atelier-sulai.ch

Anne Rosa Wangnick Consulting
Lammersdorfer Straße 61
D-52159 Roetgen-Rott
Tel.: +49 (0)2471-134989
E-Mail: anne@wangnick.de
Internet: www.wangnick.eu

Produkte für Feng-Shui-Berater

Internet: fengshui-beratershop.de

Online-Portale, um selbst zu schreiben

ViGeno
Deutschlands großes Internetportal für Gesundheit, Spiritualität und Bewusstsein
Internet: www.vigeno.de

Everyday Feng Shui
Feng-Shui-Forum, Ratgeber und Aktuelles rund um Wohnen, Einrichten, Liebe, Leben und Gesundheit
Internet: www.everyday-feng-shui.de

Haus-Bau-Planung
Dieses Portal bildet eine Plattform, die regelmäßig und unabhängig über Sachliches, Wissenswertes, Aktuelles und Interessantes zum Thema »Feng-Shui«, aber auch »Geomantie« und »Baubiologie« informiert.
Internet: www.haus-bau-planung.de

FENG SHUI AKTUELL
Zeitschrift und Internetseite zum Thema »Feng-Shui«
E-Mail: info@fengshuiaktuell.de
Internet: www.fengshuiaktuell.de

Besonders empfehlenswert:

Qi-Mag-Institut – Dr. Jes T. Y. Lim
Internet: http://www.qimag.de

Social Media macht Spaß

Sabine Piarry – die Vernetzungsspezialistin
Christofsstr. 5
D-55116 Mainz
Tel.: +49 (0)6131-1446401
Fax: +49 (0)6131-1446446
E-Mail: sabine@sabine-piarry.com
Internet: www.sabine-piarry.com

Forderungseinzug

Stefanie Krätzschel, Rechtsanwältin

Kesselschmiedstraße 8

D-85354 Freising
Tel.: +49 (0)8161-5336584
Fax: +49 (0)8161-5338504

Dank

Dem Buch hätte ohne die Tipps von Petra Kirst und Heike Eberle etwas gefehlt. Ich danke beiden von ganzem Herzen für die Unterstützung.

Petra Kirst | Imageberatung | Business-Etikette
Flößerstr. 1
D-76437 Rastatt
Tel.: +49 (0)7222-30996
E-Mail: info@petra-kirst.de
Internet: www.petra-kirst.de

Heike Eberle – die Service-Expertin für das Handwerk
Im Schallschen Garten 2
D-76829 Landau
Telefon: +49 (0)6341-955510
E-Mail: info@klug-managen.de
Internet: www.eberle-landau.de